Volker Hielscher | Elena Kreutzer | Ingrid Matthäi

Schichtarbeit unter Veränderungsdruck

Praxiserfahrungen – Herausforderungen – Zielkonflikte

Diese Studie wurde im Rahmen der Initiative Neue Qualität der Arbeit gefördert.

Die Deutsche Nationalbibliothek verzeichnet diese Publikation in der Deutschen Nationalbibliografie; detaillierte bibliografische Daten sind im Internet über http://dnb.d-nb.de abrufbar.

ISBN 978-3-8487-5913-2 (Print)
ISBN 978-3-7489-0039-9 (ePDF)

edition sigma in der Nomos Verlagsgesellschaft

1. Auflage 2019

Die Initiative Neue Qualität der Arbeit: Zukunft sichern, Arbeit gestalten

Attraktive Arbeitsbedingungen sind heute mehr denn je ein Schlüssel für innovative und erfolgreiche Unternehmen sowie für leistungsfähige Verwaltungen und bilden die Grundlage zur Sicherung der Fachkräftebasis in Deutschland. Für diese Zielsetzungen engagiert sich die vom Bundesministerium für Arbeit und Soziales ins Leben gerufene Initiative Neue Qualität der Arbeit (INQA). Bund, Länder und kommunale Spitzenverbände, Arbeitgebervereinigungen und Kammern, Gewerkschaften, Unternehmen, die Bundesagentur für Arbeit sowie Sozialversicherungsträger und Stiftungen arbeiten entlang der Themenfelder Führung, Chancengleichheit & Diversity, Gesundheit sowie Wissen & Kompetenz gemeinsam an Ideen, Handlungshilfen und Instrumenten, die die Qualität der Arbeit in Deutschland stärken. Als unabhängiges Netzwerk bietet die Initiative konkrete Beratungs- und Informationsangebote für Betriebe und Verwaltungen sowie vielfältige Austauschmöglichkeiten in zahlreichen – auch regionalen – Unternehmens- und Branchennetzwerken.

Weitere Informationen zur Initiative Neue Qualität der Arbeit unter www.inqa.de.

Gefördert durch:

aufgrund eines Beschlusses des Deutschen Bundestages

Im Rahmen der Initiative:

Fachlich begleitet durch:

Inhaltsverzeichnis

Abbildungsverzeichnis

Schichtarbeit: Alter Hut oder aktuelles Problem?

Schichtarbeit ist ein fester Bestandteil der modernen Arbeitswelt. Sie ist zugleich eine der arbeitswissenschaftlich am intensivsten beforschten und diskutierten Arbeitszeitformen. Bereits seit den 1970er Jahren werden nicht nur die gesundheitlichen Probleme der Schichtarbeit, sondern auch ihre familiären, genderspezifischen und sozialen Aspekte diskutiert.[1] Warum sich also heute noch mit dem Thema Schichtarbeit beschäftigen?

Hierfür sprechen drei Gründe: Trotz der bekannten Belastungen der Schichtarbeit und trotz der rückläufigen Entwicklung der Branchen, in denen aus technischen Gründen (vollkontinuierliche) Schichtarbeit „gefahren" werden muss, hat die Zahl der Schichtbeschäftigten nicht abgenommen, sondern ist im Gegenteil sogar deutlich gestiegen. Darüber hinaus hat sich die demografische Struktur der Schichtbeschäftigten massiv verschoben, so dass der Belastungsdiskurs unter dem Vorzeichen älter werdender Belegschaften mit langjährigen Schichtbiografien neu akzentuiert werden muss. Ein dritter Aspekt schließlich besteht darin, dass auch Schichtbeschäftigte mit komplexer gewordenen lebensweltlichen Anforderungen konfrontiert sind und daher Bedarfe und Erwartungen an eine Mitwirkung an der Arbeitszeitgestaltung, nach Flexibilität und nach der Vereinbarkeit von Schichtarbeit, Familie und sozialem Leben formulieren.

Zahl der Schichtbeschäftigten nimmt zu

Von Schichtarbeit sind immer mehr Menschen betroffen: Seit Ende der 1990er Jahre nimmt in Deutschland die Zahl der Beschäftigten, die zu atypischen Arbeitszeiten am Wochenende, in den Abend- und Nachtstunden sowie in Schichten tätig sind, kontinuierlich zu. So hat sich der Anteil der Beschäftigten mit regelmäßiger Schicht- und Nachtarbeit zwischen den Jahren 1999 und 2015 von 18 auf 20 % erhöht. Der Anteil der regelmäßig sonntags Beschäftigten stieg im gleichen Zeitraum um acht Prozentpunkte

1 Bereits vor gut 40 Jahren lagen zahlreiche Arbeiten vor, deren Erkenntnisstand sich bis heute kaum grundlegend geändert hat. Exemplarisch sei hier verwiesen auf Europäische Stiftung (1980); Knauth (1975); Treier (1979); Knauth, Rutenfranz (1972); Münstermann, Preiser (1978); Nachreiner et al. (1975); Ulich (1971).

von 16 auf 24 %. (Bundesmann-Jansen et al. 2000, Wöhrmann et al. 2016). Zugleich ist auch die Erwerbsquote insgesamt angestiegen, d. h., die prozentualen Anteile der Schichtbeschäftigten beziehen sich auf eine größere Zahl. Von daher kann davon ausgegangen werden, dass heute mehr als sieben Millionen Menschen von Schichtarbeit betroffen sind, deutlich mehr als noch vor 20 Jahren. Nach wie vor sind die Industrie und der öffentliche Dienst, und dort v. a. das Gesundheitswesen, die „klassischen" Schichtarbeitsbranchen. Dennoch zeichnet sich eine „Tertiarisierung der Schichtarbeit" (Leser et al. 2013) ab mit der Folge, dass auch in den wachsenden Dienstleistungssektoren wie Handel, Logistik und Verkehr ein erheblicher Teil der Beschäftigten in Arbeitszeitsystemen mit Wechselschicht, Nachtschicht oder versetzten Arbeitszeiten tätig ist (ebenda).

Zwar wird Schicht- und Nachtarbeit nach wie vor überwiegend von Männern in der Industrie ausgeübt und vorrangig mit körperlich anstrengender Arbeit in der Produktion assoziiert. Dennoch holen Frauen in diesem Bereich atypischer Arbeitszeiten auf. Seit Ende der 1990er Jahre hat sich die Zahl der weiblichen Beschäftigten im Schicht- und Nachtdienst verdreifacht. Beschäftigte in frauentypischen Berufen sind dabei ebenfalls häufig mit körperlichen Anforderungen oder einseitigen Belastungen wie Arbeiten im Stehen oder das Heben und Tragen schwerer Lasten sowie mit Zeit- und Leistungsdruck konfrontiert (Kretschmer 2016). Darüber hinaus zeigt die Datenlage, dass hoch qualifizierte Beschäftigte deutlich weniger von Schichtarbeit betroffen sind als solche mit einem mittleren beziehungsweise niedrigen Bildungsgrad (Wöhrmann et al. 2016).

Schichtarbeitsbelastungen und demografischer Wandel

Für eine Betrachtung der Schichtarbeit mit ihren Belastungen und Beanspruchungen müssen die jeweiligen gesellschaftlichen Kontextbedingungen einbezogen werden. Eine wesentliche Veränderung der vergangenen 20 Jahre liegt in der demografischen Entwicklung, die dazu geführt hat, dass mit den in die Jahre kommenden, stark besetzten Jahrgängen der „Baby-Boomer-Generation" der Altersdurchschnitt in vielen Betrieben gestiegen ist. Infolge dessen vergrößert sich auch die Zahl der Beschäftigten in der Altersgruppe der 50- bis unter 65-Jährigen rapide, die Schicht-, Nacht- und Wochenendarbeit leistet: Von 1998 bis zum Jahr 2011 hat sich die

Zahl der älteren Schichtarbeiter[2] von rund 600.000 auf 1,3 Millionen mehr als verdoppelt (Leser et al. 2013). Viele dieser Beschäftigten blicken auf eine langjährige Schichtarbeitsbiografie zurück.

Die gesundheitlichen und sozialen Belastungen von Wechselschicht- und insbesondere Nachtarbeit sind seit langem bekannt und in neueren Untersuchungen bestätigt worden (Wöhrmann et al. 2016). Sie kumulieren sich häufig für langjährig Schichtbeschäftigte, die davon berichten, dass typische Beschwerden wie Erschöpfungszustände, Schlafstörungen, psychische Belastungen und psychosoziale Beeinträchtigen mit der Dauer der Schichttätigkeit zunehmen (ebenda; Angerer, Petru 2010; Deutsche Gesellschaft für Arbeitsmedizin 2006; vgl. auch die Fallbeschreibungen). Schichtbeschäftigte im höheren Erwerbsalter weisen einen nochmals schlechteren allgemeinen Gesundheitszustand auf und leiden häufiger unter Schlafstörungen sowie den Folgen ungesunder Ernährung wie bspw. Übergewicht (Leser et al. 2013). Auch die seit langem vorliegenden arbeitswissenschaftlichen Empfehlungen zur ergonomischen Ausgestaltung von Schichtmodellen (z. B. Knauth, Hornberger 1997) haben wenig daran geändert.[3] Schichtarbeit bleibt offenbar ein grundsätzlich belastendes Arbeitszeitmodell und die Beanspruchungen scheinen gerade in höherem Lebensalter und bei langjähriger Schichtarbeit zuzunehmen. Dieser Alterssensibilität von Arbeitszeitbelastungen ist bei der Entwicklung von Gestaltungsstrategien Rechnung zu tragen.

Darüber hinaus haben in der jüngeren Diskussion Ansätze an Bedeutung gewonnen, die eine individualisierte Betrachtung von Belastungen und Beanspruchungen in den Vordergrund rücken. Sie nehmen auf Grundlagen der Chronobiologie Bezug, die sich als interdisziplinärer For-

---

2 Aus Gründen einer vereinfachten Lesbarkeit wird in diesem Text vorwiegend die männliche Schreibweise gewählt, auch wenn in der Regel Männer und Frauen gleichermaßen gemeint sind.

3 Als arbeitswissenschaftlich anerkannte Kriterien zur Schichtplangestaltung können folgende Punkte gelten:
„nicht mehr als drei Nachtschichten hintereinander,
schnelle Rotation von Früh- und Spätschichten (d. h. Wechsel alle 2–3 Tage),
Vorwärtswechsel der Schichten (Früh- /Spät- /Nachtschichten),
Frühschichtbeginn nicht zu früh [...],
keine Massierung von Arbeitszeiten [...],
geblockte Wochenendfreizeiten [...],
kurzfristige Schichtplanänderungen durch Arbeitgeber vermeiden,
ein freier Abend an mindestens einem Wochentag (Montag bis Freitag),
mitarbeiterorientierte Flexibilisierung und Individualisierung der Arbeitszeit."
(Deutsche Gesellschaft für Arbeitsmedizin 2006, S. 394.).

schungszweig verschiedener Wissenschaften wie der Biologie, Somnologie, Psychologie und Endokrinologie bedient. Der chronobiologische Ansatz geht davon aus, dass jeder Mensch über eine individuelle innere Uhr verfügt, die maßgeblich mitbestimmt, wann sich Personen wach und fit oder müde und ruhebedürftig fühlen (Schmal 2015). Auf Basis des individuellen zirkadianen Rhythmus lassen sich bestimmte „Chronotypen" identifizieren, z. B. Frühtypen („Lerchen") oder Spättypen („Eulen"), auf die sich der Einsatz in Schichtarbeitsmodellen abstimmen lässt. So könnten etwa Spättypen leichter Nachtarbeit leisten als Frühtypen, die wiederum besser in Frühschichten einzusetzen sind (Vetter et al. 2015). Die Verleihung des Medizin-Nobelpreises im Jahr 2017 hat den Forschungen zur Bedeutung der „inneren Uhr" breitere Aufmerksamkeit beschert. Im arbeitswissenschaftlichen Diskurs ist bisher ungeklärt, inwieweit durch diese differenzierte Betrachtung der individuellen Voraussetzungen zur Leistung von Schichtarbeit bisherige Erkenntnisse neu diskutiert werden müssen – etwa die Frage, ob die schädlichen Wirkungen von Nachtarbeit für alle Beschäftigten gleichermaßen zutreffen oder auch vom jeweiligen Chronotypus abhängen könnten.

Komplexe Lebenslagen und Schichtarbeit

Neben den demografischen Aspekten hat sich darüber hinaus in den vergangenen Jahrzehnten die Komplexität und Varianz von Lebenslagen und Lebensverläufen vergrößert. Bereits seit den 1980er Jahren werden gesellschaftliche Phänomene wie die Individualisierung oder die Pluralisierung von Lebensstilen und sozialen Milieus empirisch beschrieben und im gesellschaftspolitischen Diskurs reflektiert. Im Zuge des sozialen Wandels haben sich auch geschlechtsspezifische Rollenbilder und Muster der Arbeitsteilung verändert: Auf der einen Seite ist die Erwerbsbeteiligung von Frauen massiv gewachsen, auf der anderen Seite setzen sich auch Männer in zunehmendem Maße mit der Übernahme von Familienarbeit und Kinderbetreuung auseinander. Aus diesen gesellschaftlichen Entwicklungen heraus sind die Ansprüche der Beschäftigten an die Vereinbarkeit von Familie und Beruf bzw. allgemeiner: an „Work-Life-Balance" in den vergangenen zwei Jahrzehnten deutlich gestiegen.

Darüber hinaus ist in der jüngeren Zeit eine wachsende Zahl von Arbeitnehmerinnen und Arbeitnehmern insbesondere im mittleren Lebensalter mit der Anforderung konfrontiert, betreuungs- und pflegebedürftige Angehörige versorgen zu müssen. So wurden im Jahr 2015 bereits mehr als zwei Millionen Pflegebedürftige zu Hause v. a. durch ihre Angehörigen gepflegt und betreut (Statistisches Bundesamt 2017). Mehr als zwei Fünftel der pflegenden Angehörigen sind Kinder und Schwiegerkinder, die in der Regel selbst noch im erwerbsfähigen Alter sind. Ein großer Teil der Hauptpflegepersonen ist gezwungen, ihre Erwerbsarbeit einzuschränken oder gar aufzugeben (Hielscher et al. 2017). Insofern wird es für viele Unternehmen eine besondere Herausforderung, auch den lebensweltlichen Anforderungen ihrer Beschäftigten Rechnung zu tragen, wenn sie sie als Fachkräfte im Betrieb halten wollen (Reuß et al. 2012).

Diese Herausforderungen treffen insbesondere Betriebe und Branchen, die Schichtarbeit in breitem Umfang nutzen. Neben den körperlichen und psychischen Belastungen greift Schichtarbeit tief in soziale Rhythmen ein. Schichtbeschäftigte benennen regelmäßig eine vergleichsweise schlecht gelingende Ausbalancierung von Berufstätigkeit und Privatleben (Wöhrmann et al. 2016). Aufgrund der hohen Verfügbarkeitsanforderungen der Schichtarbeit auch zu atypischen Zeiten ist es für die Beschäftigten besonders schwer, komplexe Lebenslagen oder gar krisenhafte Lebensabschnitte mit der Erwerbstätigkeit in Einklang zu bringen. Arbeitswissenschaftliche Erkenntnisse und Handlungsempfehlungen beziehen sich bisher primär auf eine arbeitsmedizinische Optimierung von Arbeitszeitmodellen. Eine ganzheitliche Betrachtung mit einer Berücksichtigung der lebensweltlichen und sozialen Belange der Beschäftigten bei der Gestaltung von Schichtarbeit ist ein noch kaum entwickeltes Feld für betriebliches Handeln. Doch gerade eine solch ganzheitliche Perspektive dürfte in der Zukunft entscheidend für die nachhaltige Sicherung der Arbeitsfähigkeit auch von Schichtbeschäftigten sein (Tempel, Ilmarinen 2013).

Entlastende Unterstützungsangebote (z. B. Kinderbetreuung, Tagespflege) sind in der Regel auf den „Normalarbeitstag“, also tagesbezogen ausgelegt und für Schichtbeschäftigte nur bedingt nutzbar. Bisher haben erst einige avancierte Großbetriebe damit begonnen, durch eigene betriebliche Angebote oder flexibilisierte Schichtarbeitsmodelle die Vereinbarkeit von Schichtarbeit und lebensweltlichen Anforderungen zu unterstützen.[4]

---

4 Einige Praxisbeispiele für familienfreundliche Arbeitszeitgestaltung auch in Schichtbetrieben finden sich unter www.vereinbarkeit.dgb.de.

Reduzierte Exit-Optionen

Festzuhalten bleibt, dass Schicht- bzw. Nachtarbeit besondere Belastungen mit sich bringt und Schichtbeschäftigte häufiger ungünstigen physischen und psychischen Arbeitsbedingungen und Arbeitsumgebungsfaktoren ausgesetzt sind. Gerade bei langjährig Schichtbeschäftigten können die gesundheitliche Belastungskumulation, aber auch familiäre bzw. soziale Anforderungen und eine Veränderung der Akzeptanz der Schichtarbeit dazu führen, dass Motivationsverluste, Befindlichkeitsstörungen oder gesundheitliche Beeinträchtigungen auftreten und ein Ausstieg aus dem Schichteinsatz angestrebt wird. Die Betreffenden bemühen sich intern um Versetzung auf Arbeitsplätze in Tagschicht, sie verlassen unter Umständen das Unternehmen oder sie legen ein ärztliches Attest vor, das den Einsatz in Schicht- oder zumindest in Nachtarbeit untersagt.

In der Kombination mit der Altersstruktur erwächst in vielen Betrieben die Herausforderung, für die wachsende Zahl von Beschäftigten mit Beschränkungen für den Einsatz in Schichtarbeit adäquate Arbeitsplätze zur Verfügung zu stellen. Je mehr Mitarbeiterinnen und Mitarbeiter nicht mehr in der Schicht- bzw. Nachtarbeit einsetzbar sind, desto schwieriger wird die Personalplanung zur Aufrechterhaltung eines regulären Schichtbetriebs. Für die (noch) „schichttauglichen" Beschäftigten wiederum steigen in der Konsequenz die arbeitszeitbedingten Belastungen und damit auch die gesundheitlichen Risiken an, wenn sie die personellen Ausfälle durch zusätzliche Schicht-/Nachtdienste kompensieren müssen. Insofern stellt sich die Frage, inwieweit innovative Personaleinsatzkonzepte mit wirksamen präventiven Gestaltungsmaßnahmen verknüpft werden können.

Dabei greifen die Lösungen der vergangenen Jahrzehnte kaum noch: So stehen etwa „Schonarbeitsplätze" kaum noch zur Verfügung, weil viele der dafür geeigneten Bereiche (wie etwa Pförtner, Empfang oder Reinigung) an Fremdfirmen ausgelagert worden sind. Dort, wo solche Bereiche noch existieren, stehen sie als „unproduktive Kostenstelle" schnell in der Kritik betriebswirtschaftlicher Kostenoptimierungsstrategien. Auch ist die staatliche Förderung von Vorruhestandsregelungen und Altersteilzeit ausgelaufen. Dies war – insbesondere zu Zeiten eines großen Arbeitskräfteangebots der 1990er und Anfang der 2000er Jahre – für viele Unternehmen ein bevorzugtes Instrument zur Personalanpassung, um ältere und gesundheitlich eingeschränkte Mitarbeiterinnen und Mitarbeiter vorzeitig aus dem Erwerbsleben auszugliedern. Heute ist diese Form der Externalisierung eine für Unternehmen teure und nur in seltenen Fällen realisierbare Option, zumal gegenwärtig junge und gut ausgebildete Fachkräfte auf dem Arbeitsmarkt nur noch schwer zu finden sind.

Fragestellungen und Aufbau der Studie

Angesichts der oben skizzierten Entwicklungen gewinnt die Aufgabe an Relevanz, Schichtarbeit und ggf. begleitende Maßnahmen in den Betrieben so zu gestalten, dass Schichtbeschäftigte auch in höherem Alter an ihren Arbeitsplätzen gehalten werden können. Hierfür ist allerdings an die Spezifika der jeweiligen Branchen und Unternehmen sowie an die Belastungswahrnehmung, die biografischen Orientierungen und lebensweltlichen Anforderungen der Beschäftigten anzuschließen.

Die vorliegende Studie soll dazu einen Beitrag leisten. Sie greift die Schichtarbeitsrealitäten in verschiedenen Branchen auf und stellt dabei das Belastungserleben sowie die biografischen Erfahrungen mit dem „Leben in Schicht" in den Mittelpunkt. Folgenden Fragestellungen soll dabei nachgegangen werden:

- Wie ist die Schichtarbeit mit den jeweils spezifischen Anforderungen von Produktion und Dienstleistung verknüpft und im Betrieb geregelt?
- Wie nehmen Beschäftigte ihre Arbeits- und Lebenssituation im Schichtalltag wahr? Wie gehen sie mit den Anforderungen der Schichtarbeit um?
- Wie unterstützen Unternehmen die Beschäftigten bei der Förderung der Gesundheit und der Vereinbarkeit von Schichtarbeit und privatem Leben?
- Wie reagiert der Betrieb auf Einsatzbeschränkungen zur Ableistung von Schichtarbeit?
- Welche sozialen, gesundheitlichen und arbeitsbezogenen Faktoren tragen dazu bei, dass Beschäftigte über ihre Berufsbiografie hinweg gesund in Schichtarbeit verbleiben können, welche führen zu einem Ausstieg aus der Schichtarbeit?

Mit der biografischen Perspektive rückt die Studie eine ganzheitliche Betrachtung von Schichtarbeitserfahrungen in den Fokus des Forschungsinteresses. Sie ist wie folgt aufgebaut: Zunächst werden das Untersuchungsdesign und das methodische Vorgehen dargestellt. Anschließend folgen die Betriebsfallstudien aus der Gesundheitsversorgung (KLINIK), der Metallindustrie (METALL), der Stahlindustrie (STAHL) sowie der Energieerzeugung (STROM). Auf den Falldarstellungen baut eine Querschnittsauswertung auf, die typische biografische Konstellationen für einen gelingenden Verbleib in der Schichtarbeit oder einen Ausstieg aus der (Nacht-)Schichtarbeit herausarbeitet (). Vor dem Hintergrund der unterschiedlichen Praxiserfahrungen in den verschiedenen Branchen werden abschließend einige Überlegungen zu den Ambivalenzen und Zielkonflikten angestellt, mit denen sich betriebliche Akteure bei der Schichtarbeitsgestaltung häufig konfrontiert sehen.

Methodisches Vorgehen

Das Untersuchungsdesign ist auf die vorangehend formulierten schichtarbeits- und demografiebezogenen Fragestellungen des Forschungs- und Gestaltungsprojekts zugeschnitten. Im Folgenden werden die Betriebsauswahl, der Feldzugang und die methodische Vorgehensweise erläutert.

Branchen- und Betriebsauswahl

Die Konzentration auf exemplarische Betriebsfallstudien aus ausgewählten Branchen bietet einen methodischen Ansatz zur Kontrastierung von branchenbezogenen und von betriebsspezifischen Strategien in der Personal- und Arbeitszeitpolitik sowie im Umgang mit alternden bzw. gesundheitlich beeinträchtigten Schichtmitarbeitern. Sie ermöglicht darüber hinaus, branchen- und betriebsspezifische Einflussfaktoren auf die Gestaltung von Schichtsystemen genauer zu untersuchen – auch im Hinblick auf alterskritische Schichtbelastungen. Für die Fallstudien sollten daher solche Branchen berücksichtigt werden, in denen üblicherweise oder in zunehmendem Maße im Schichtbetrieb gearbeitet wird, die ein vielfältiges Spektrum an Tätigkeits- und Aufgabenfeldern abdecken und deren jeweilige Schicht- bzw. Arbeitszeitmodelle auf betriebs- oder kundenspezifische Erfordernisse abgestimmt sind. Die Branchenauswahl sollte zudem Berufs- und Tätigkeitsgruppen berücksichtigen, die aufgrund der jeweiligen Arbeitsbedingungen ein gesundes Arbeiten bis zum Erreichen des gesetzlichen Rentenalters häufig als problematisch erscheinen lassen.

Die ausgewählten Branchen sollten die Möglichkeit bieten für vergleichende Untersuchungen zu möglichen Zusammenhängen zwischen branchentypischen Schicht- und Arbeitsbelastungen und Einsatzeinschränkungen bis hin zu Schichtuntauglichkeit im Kontext von langjährigen Schichtbiografien und betrieblichen Strategien zum Umgang mit (attestierten) Schichtbefreiungen. Da wahrscheinlich genderspezifische Aspekte eine wichtige Rolle spielen, wie Beschäftigte mit Schichtarbeitserfordernissen im Zusammenhang mit der individuellen Lebensführung umgehen, sollte bei der Branchenauswahl darauf geachtet werden, dass neben gewerblich-industriell geprägten und männlich dominierten Branchen auch eine

Branche vertreten ist, die einen hohen Anteil an weiblichen Beschäftigten aufweist.

Für die Fallstudien wurden daher Unternehmen aus folgenden Branchen ausgewählt: Metallindustrie, Stahlindustrie, Energieerzeugung und Gesundheitsversorgung (Akutklinik).

Je nach Branche und Geschäftsfeld variiert hier die Notwendigkeit, den Betrieb kontinuierlich über 24 Stunden an 365 Tagen im Jahr aufrechterhalten zu müssen:

- *Energiewirtschaft:* Stromerzeuger haben den gesetzlichen Auftrag, zu gewährleisten, dass jederzeit und überall in Deutschland Strom verfügbar ist. Ein Schichtbetrieb muss in den Kraftwerken am Netz deshalb ganzjährig rund um die Uhr bereitgestellt werden.
- *Stahlindustrie:* In den Stahlwerken wird ebenfalls an 365 Tagen im Jahr rund um die Uhr im Schichtbetrieb gearbeitet – und zwar v. a. aufgrund technologischer Erfordernisse. Zum einen ist es technisch sehr aufwändig, einen Hochofen abzuschalten und auskühlen zu lassen. Zum anderen dauert es mehrere Tage, bis er nach einer Abschaltung wieder in Betrieb gehen kann, was mit hohen Produktionsausfällen und entsprechenden Kosten verbunden ist.
- *Gesundheitsbranche:* In der medizinischen Akutversorgung von Kliniken wiederum muss die Versorgung der Patienten im Schichtdienst ebenfalls rund um die Uhr sichergestellt sein. Allerdings müssen nicht alle Schichten in gleicher Personalstärke besetzt sein, weshalb Nachtdienste in der Regel personell „ausgedünnt" sind.
- *Metallindustrie:* In der mittelständisch geprägten Metallindustrie wiederum gibt es ein breites Spektrum an Arbeitszeitmodellen – von Normalarbeitszeit über Wechselschicht mit/ohne Nachtschicht bis hin zu vollkontinuierlicher Schichtarbeit. Viele Unternehmen aus der Metallbranche sind gezwungen, die Auftragssteuerung der Fertigung zeitlich eng mit den just-in-time-Erfordernissen ihrer Kunden abzustimmen. Die Auftragslage, die Optimierung der Auslastung und Kundenerfordernisse wirken als Treiber, dass in der Metallindustrie zunehmend im Schichtbetrieb gearbeitet wird.

Bei der Energiewirtschaft und der medizinischen Akutversorgung der Krankenhäuser handelt es sich um Branchensegmente, die auf einem regulierten Markt agieren, der gesetzlich definierte Leistungen zur Daseinsbzw. Grundversorgung abdeckt, weshalb ein kontinuierlicher Schichtbetrieb zwingend notwendig ist. In der Stahlerzeugung sind es v. a. technologische Aspekte, die einen Vollkonti-Betrieb notwendig machen. In der Industrie wiederum sind es primär Auslastungs- und Kostengründe, die zur zunehmenden Verbreitung von Dreischicht- und Vollkontisystemen beitragen.

Feldzugang

Die Ansprache der Unternehmen erfolgte mehrgleisig, teilweise über Multiplikatoren aus Wirtschaftsverbänden und Institutionen, teilweise durch Direktansprache von betrieblichen Entscheidungsträgern. Es gab auch mehrere Anfragen von Unternehmen mit Interesse an einer Mitwirkung im Modellprojekt; die Kooperationen kamen jedoch aufgrund projektspezifischer Auswahlkriterien oder betriebsspezifischer Konstellationen nicht zustande.

Die Auswahl der am Ende in die Studie einbezogenen Unternehmen erfolgte anhand folgender Kriterien:

- Zugehörigkeit zu einer der für Schichtarbeit typischen Branchen,
- hoher Anteil an Beschäftigten im Schichtdienst,
- Berücksichtigung gendertypischer Arbeits-/Einsatzbereiche mit Schichtbetrieb,
- alternde Schichtbelegschaft bzw. höherer Anteil an älteren Schichtarbeitern.

Pro Branche wurde jeweils exemplarisch ein Unternehmen in die Untersuchung einbezogen. Alle vier Unternehmen zählen aufgrund ihrer Betriebsgröße zu Großunternehmen, davon sind drei (STAHL, STROM und KLINIK) in Konzernstrukturen eingebunden. METALL hat zwar eine Holdingstruktur, ist aber ein familiengeführtes Unternehmen, das sich im industriellen Mittelstand verortet.

Die empirischen Erhebungen in den Unternehmen KLINIK und STAHL fanden jeweils an einem einzigen Standort statt, bei METALL wurden zwei Fertigungswerke, das Werk am Stammsitz in Westdeutschland sowie das Werk in Ostdeutschland einbezogen, bei STROM wiederum zwei räumlich nah beieinander liegende Kraftwerke in Westdeutschland. Die vier Unternehmen, in denen die Fallstudien durchgeführt wurden, wurden ebenso anonymisiert wie die Interviews mit den Gesprächspartnern.

Die Tabelle 1 gibt einen Überblick über die Sample- und Branchenstruktur sowie die Zahl der Beschäftigten am einbezogenen Standort.

Abbildung 1: Überblick über das Unternehmenssample

Unternehmen	Branche	Beschäftigte am Standort*
KLINIK	Gesundheitsbranche	1.100
METALL Werk Ost Stammwerk West	Metallindustrie	500 300
STAHL	Stahlindustrie	3.400
STROM Kraftwerk A Kraftwerk B	Energieerzeugung	100 100

*Die Mitarbeiterzahlen sind gerundet und beziehen sich auf das Jahr 2016.

Forschungsansatz: Betriebliche Fallstudien und biografieorientierte Typenbildung

Der qualitative Forschungsansatz orientiert auf die Erstellung von Fallstudien und hat einen betriebsbezogenen Fokus (Nies, Sauer 2010). Die Einzelfallstudie dient der ganzheitlichen Erfassung von betrieblichen Rahmen- und Arbeitsbedingungen, Strategien und sozialen Handlungs- und Interaktionsmustern im Kontext von Schichtarbeit und Demografie. Sie bezieht die Austauschbeziehungen innerhalb des Betriebs sowie die Einflussfaktoren von Umwelt und Gesellschaft, die auf den Betrieb von außen einwirken und ebenfalls Veränderungsprozesse initiieren können, ein – beispielsweise einen generativen Einstellungswandel zum Stellenwert von Erwerbsarbeit oder Forderungen nach einer Vereinbarkeit von Beruf und Familie.

Die Erstellung einer ganzheitlichen Betriebsfallstudie ist mit aufwändiger empirischer Forschung verbunden, wobei ein Methoden-Mix aus qualitativen Verfahren (leitfadengestützte Interviews) und quantitativen Verfahren (statistische Auswertung von Personal-/Altersstrukturdaten, Dokumentenanalysen etc.) zum Einsatz kommt. Die betrieblichen Kontexte werden v. a. über Experteninterviews mit Leitungs- und Führungskräften (Bogner et al. 2002) erfasst, die in ihrer Rolle als Arbeitgebervertreter, Entscheider, Fachverantwortlicher (z. B. für betriebliches Gesundheitsmanagement) oder als Mitglied der betrieblichen Interessenvertretung befragt werden. Die zweite Ebene der handelnden Akteure bilden die Mitarbeiter, die im Schichtbetrieb arbeiten und die im Rahmen von leitfadengestützten Interviews zu ihren subjektiven Erfahrungen und Einstellungen zur Schichtarbeit und zur individuellen Schichtarbeitsbiografie befragt werden. Erst durch die Einbindung der „Subjekte der Arbeit“ können die jeweiligen Sichtweisen von Arbeitgeber und Arbeitnehmer zu den Notwendigkeiten, Anforderungen und Belastungen der Schichtarbeit im Kontext betrieblicher Rahmenbedingungen und lebensweltlicher Erfordernisse systematisch erfasst und auch mögliche Interessens- bzw. Zielkonflikte in den jeweiligen Handlungsstrategien aufgedeckt werden.

Durch Fallvergleich und Fallkontrastierung der Biografie bezogenen Interviews erfolgt eine empirisch abgeleitete Typenbildung, die primär dazu dient, anhand geeigneter Merkmale „typische“ Muster des Umgangs mit langjähriger Schichtarbeit und der Bewältigung von Schichtbelastungen sowie „typische“ Anlässe oder Strategien zum dauerhaften Verbleib oder zum – gewünschten bzw. realisierten – Ausstieg aus der Schicht-/Nachtarbeit aufzudecken. Diese Typenbildung orientiert auf die Ebene des Arbeitssubjekts und geht über den Einzelbetrieb hinaus, wenngleich betriebsspezifische Aspekte wie Arbeitskultur und soziale Beziehungen durchaus die individuellen Einstellungen zur Schichtarbeit beeinflussen können.

Methodisches Vorgehen

Bei der empirischen Untersuchung kamen mit leitfadengestützten Interviews bevorzugt qualitative Methoden der Sozialforschung zum Einsatz. Die leitfadengestützten Expertengespräche und biografischen Mitarbeiterinterviews wurden ergänzt durch differenzierte statistische Analysen zur Alters-/Beschäftigtenstruktur und zum Krankenstand. Darüber hinaus wurden Betriebs- und Arbeitsplatzbegehungen in den Untersuchungsbereichen durchgeführt sowie betriebliche Materialien und Dokumente ausgewertet (u. a. von Betriebsvereinbarungen, Schichtplänen etc.), die zur Validierung der empirischen Befunde dienten.

Für die qualitativen Interviews wurden themenbezogene Interviewleitfäden entwickelt und zielgruppenspezifisch auf Beschäftigte, Führungskräfte und Betriebsräte zugeschnitten.

Der Experten-Leitfaden war thematisch wie folgt gegliedert:

- Personal-/Altersstruktur im Bereich bzw. am Standort,
- Arbeitsorganisation, Arbeitsanforderungen und Belastungen im eigenen Verantwortungsbereich, aktuelle Arbeitszeit- und Schichtmodelle,
- personal- und arbeitspolitische Strategien und Konzepte,
- Maßnahmen zur Arbeitsgestaltung und Gesundheitsförderung,

- Verfahren zum Umgang mit Mitarbeitern mit Einsatz-/Leistungseinschränkungen, insbesondere bei Vorliegen einer Schicht-/Nachtschichtbefreiung.

Der Leitfaden für Betriebsräte enthielt darüber hinaus einen Themenblock zur Mitbestimmung. Der offene Leitfaden für Beschäftigte fokussierte stark auf die individuelle Erwerbs- und Schichtbiografie, auf subjektive Erfahrungen und Einstellungen zur Schichtarbeit, auf den individuellen Umgang mit Schichtarbeitserfordernissen im Kontext von privaten, sozialen und familiären Interessen und Bedürfnissen sowie auf den subjektiven Gesundheitsstand.

Bei der Auswahl der Beschäftigten wurde darauf geachtet, sowohl Beschäftigte im langjährigen Schichtdienst als auch Beschäftigte einzubeziehen, die aus gesundheitlichen oder anderen Gründen nicht mehr in Wechsel-/Nachtschicht eingesetzt werden können. Bei den „schichtuntauglichen" Mitarbeitern lag das Erkenntnisinteresse v. a. auf den individuellen Beweggründen zum Ausstieg aus der Schichtarbeit und auf den betrieblichen Handlungsstrategien im Umgang mit „Schichtuntauglichkeit". Die Teilnahme am Interview war freiwillig, die Ansprache und Auswahl der Beschäftigten erfolgte durch die direkte Führungskraft, durch betriebsinterne Aufrufe zur Teilnahme oder durch den Betriebsrat.

Bei den Fach- und Führungskräften wurden pro Unternehmen jeweils der Personalleiter, der Betriebsarzt bzw. Arbeitsmediziner sowie operative Führungskräfte (direkte Führungskräfte, Betriebs-/Abteilungs-, Werksleiter, Geschäftsführer), BGM-Verantwortliche und Fachkräfte für Gesundheits- und Arbeitsschutz einbezogen. Bei den Vertretern des Betriebsrats wurden neben Einzelinterviews auch Gruppengespräche mit mehreren Betriebsratsmitgliedern geführt. Sämtliche Interviews fanden in den Unternehmen in separaten Räumlichkeiten, also in geschützter Atmosphäre statt. Die Beschäftigten waren für die Dauer des Interviews von der Arbeit freigestellt.

Das Sample umfasst insgesamt 121 leitfadengestützte offene Interviews, davon 44 Expertengespräche mit Fach-/Führungskräften und 77 Interviews mit Beschäftigten. Knapp ein Fünftel aller Befragten ist weiblich. Sämtliche Interviews wurden nach einer Information zum Datenschutz und mit Zustimmung der Gesprächspartner elektronisch aufgezeichnet. Die Beschäftigteninterviews dauerten im Schnitt eine Stunde, die Interviews mit den Fach-/Führungskräften und Betriebsräten waren thematisch komplexer und dauerten jeweils ca. eineinhalb bis zwei Stunden. Die empirischen Erhebungen in den Unternehmen wurden im ersten Halbjahr 2017 durchgeführt.

Abbildung 2: Durchgeführte Interviews nach Unternehmen, Geschlecht und Funktion

Unternehmen	Interviews (n)	Weiblich	Experten	Mitarbeiter
KLINIK	27	18	10	17
METALL	50	4	20	30
STAHL	25	2	8	17
STROM	19	0	6	13
Gesamt	*121*	*24*	*44*	*77*

Empirische Auswertung und Aufbereitung

Die Interviews wurden transkribiert, anonymisiert und anschließend exzerpiert, d. h. inhaltlich stark verdichtet und thematisch gegliedert. Im nächsten Schritt erfolgte eine einzelfallübergreifende thematische Auswertung und Zuordnung aller Interviews und Expertengespräche eines Betriebs. Im letzten Schritt wurden die Ergebnisse aus dem empirischen Material sowie aus den Dokumenten- und Statistikauswertungen der betrieblichen Bestandsaufnahme in einer komprimierten Intensivfallstudie pro Unternehmen zusammengeführt.

Betriebsbezogen und betriebsübergreifend wurden zudem die biografischen Interviews ausgewertet, um über den individuellen Fall und subjektive Darstellungen bzw. Einschätzungen hinaus typische Konstellationen und Strategien identifizieren zu können, die langfristig zum dauerhaften Verbleib oder zum – gewünschten bzw. realisierten – Ausstieg aus der Schicht-/Nachtarbeit führen können. Diese fallübergreifenden Analysen bildeten die Grundlage für eine empirische Typenbildung, die schrittweise anhand definierter Kriterien bzw. Merkmale durch Vergleiche und Clusterung der Schichtbiografien (Fallähnlichkeiten, Fallkontraste) erstellt wurde.

Die betriebsbezogene und betriebsübergreifende Analyse von schichtbiografischen Verläufen bot zudem die Möglichkeit, sowohl branchenspezifische Konstellationen im Umgang mit Schicht-/Nachtschichtuntauglichkeit als auch branchenübergreifende prototypische Problemlagen und Gestaltungserfordernisse im Zusammenhang mit Schichtarbeit und Alterungsprozess der Schichtarbeitsbelegschaft herauszuarbeiten.

Fallstudie KLINIK: Fachkräftebindung durch flexible und lebensphasenorientierte Arbeitszeitangebote

Unternehmensprofil

Das Unternehmen KLINIK war anfänglich ein Werkskrankenhaus und wurde später zu einem Allgemeinkrankenhaus ausgebaut. Ende 2016 waren dort mehr als 1.100 Mitarbeiterinnen und Mitarbeiter beschäftigt. Das Klinikum verfügt aktuell über ca. 350 Betten und behandelt jährlich rund 15.500 Patienten stationär, 900 Patienten teilstationär und mehr als 11.000 Patienten ambulant. KLINIK ist sowohl ein Haus der Grund- und Regelversorgung als auch ein spezialisiertes medizinisches Kompetenzzentrum in den Bereichen Herz, Lunge und Psychiatrie. Der Standort gehört zu einem Träger, der mehrere Kliniken in Westdeutschland betreibt.

Organisationsstruktur

Die Organisationsstruktur des Krankenhauses differenziert sich in die Leistungsbereiche Medizin, Pflege, Hauswirtschaft mit Speisenversorgung, Verwaltung und Technikdienste. Ärztlicher Direktor, Pflegedirektor und Verwaltungsdirektor bilden zusammen das Krankenhausdirektorium. Daneben existiert eine übergeordnete Geschäftsführung. Eine Stabsabteilung Qualitätsmanagement (QM) steht dem Krankenhausdirektorium in beratender Funktion zur Seite. KLINIK ist weiterhin eine Krankenpflegeschule angegliedert. Die Leistungsbereiche von KLINIK sind folgendermaßen aufgebaut:

- Der *medizinische Bereich* ist in verschiedene Fachabteilungen (z. B. Kardiologie, Nephrologie, Urologie), Stationen, Tageskliniken (teilstationär), Ambulanzen und Funktionsdienste (z. B. Labor, Röntgen, Endoskopie) unterteilt. In den Funktionsdiensten werden diagnostische und therapeutische Leistungen für alle Fachabteilungen, aber auch für ambulante Patienten erbracht.
- Der *pflegerische Bereich* umfasst das Pflegepersonal der Bettenstationen, Funktionsbereiche und Ambulanzen. Nicht selten werden Pflegefachkräfte nach entsprechender Weiterbildung mit besonderen Aufgaben

betraut wie das Erstellen von Hygieneplänen oder Standards, die im ganzen Haus Gültigkeit haben.

- Der *hauswirtschaftliche Bereich* und die Küche sind klinikintern organisiert. Die Planung und die zentrale Speisenbereitung für Patienten und Personal wird von der Küchenleitung verantwortet.
- Der *technische Bereich* ist zuständig für die Instandhaltung der Gebäude, die Ver- und Entsorgung, die Haus-, Kommunikations- und Medizintechnik, Außenanlagen sowie den Hol- und Bringdienst.
- In den *Verwaltungsbereich* gehören die Patientenaufnahme, das Finanz- und Rechnungswesen mit Leistungserfassung und -abrechnung, Personalwesen (Lohn- und Gehaltsbuchhaltung) und die IT-Abteilung.

KLINIK fördert bereits seit langem soziale Belange im Allgemeinen und die Vereinbarkeit von Familie und Beruf im Speziellen. In diesem Sinne wurde etwa eine Servicestelle eingerichtet, die Mitarbeiterinnen und Mitarbeitern Beratungs- und Unterstützungsangebote in allen Lebensphasen rund um die Themen zur Vereinbarkeit von Familie und Beruf zur Verfügung stellt. Darüber hinaus bietet das Unternehmen seinen Beschäftigten auf dem Betriebsgelände eine eigene Kinderbetreuung an.

Als Interessenvertretung der Beschäftigten existiert in KLINIK ein Betriebsrat, welcher 15 Mitglieder mit drei Freistellungen umfasst. Neben mehreren Betriebsvereinbarungen (z. B. zur Wahlarbeitszeit oder zum Betrieblichen Eingliederungsmanagement) wurden zum Beispiel eine Dienstplangestaltung in Eigenverantwortung oder Tankgutscheine als Anreiz für ein Einspringen aus dem Frei mit dem Krankenhausdirektorium verhandelt. KLINIK ist an den Tarifvertrag des öffentlichen Dienstes für den Dienstleistungsbereich Krankenhäuser im Bereich der Vereinigung der kommunalen Arbeitgeberverbände (TVöD-K) gebunden.

Personal- und Beschäftigtenstruktur

KLINIK ist ein expandierendes Unternehmen und beschäftigte im Jahr 2016 rund 1.100 Mitarbeiterinnen und Mitarbeiter. Fast die Hälfte der Beschäftigten arbeitet im Pflegedienst. Das Unternehmen ist – im Vergleich zu den anderen in der Studie beschriebenen Fallunternehmen aus der Industrie – durch eine Überrepräsentanz weiblicher Beschäftigter sowie einem hohen Anteil an Teilzeitbeschäftigten gekennzeichnet.

Abbildung 3: Geschlechterverteilung je Arbeitsbereich in KLINIK (2016)

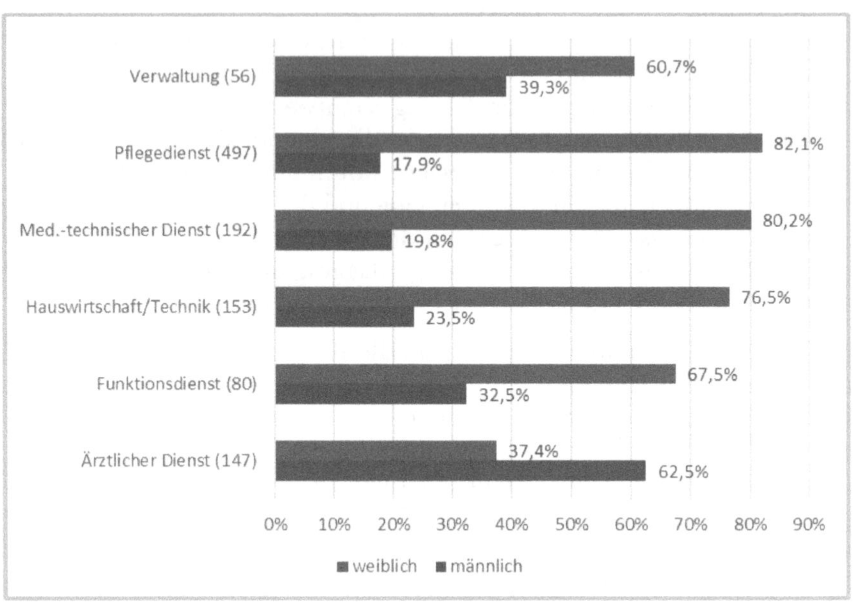

Abbildung 4: Beschäftigungsumfang je Arbeitsbereich in KLINIK (2016)

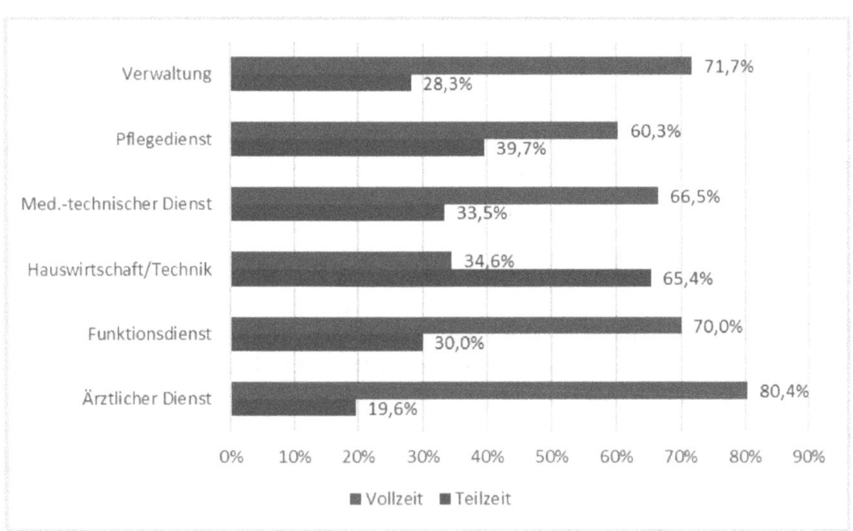

Der Gesundheitssektor stellt nach wie vor einen zentralen Arbeitsmarkt für Frauen dar. Insofern zeigt sich in KLINIK im Vergleich zu den Fallstudien in den Industriebetrieben in fast allen Arbeitsbereichen eine branchen- und gendertypische Überrepräsentanz weiblicher Beschäftigter.

Bis auf den ärztlichen Dienst sind in allen Arbeitsbereichen mehrheitlich weibliche Beschäftigte tätig. Insbesondere in der Pflege ist mit 82,1 % ein überproportional hoher Frauenanteil zu verzeichnen.

KLINIK unterscheidet sich von den anderen Fallunternehmen auch durch die Tatsache, dass Teilzeitarbeit eine erhebliche Rolle spielt. Während in den beschriebenen Industriebetrieben überwiegend in Vollzeit gearbeitet wird, gibt es im vorliegenden Fallunternehmen sogar Bereiche wie z. B. die Hauswirtschaft, in denen mehrheitlich Teilzeitbeschäftigte tätig sind. Insgesamt sind in KLINIK über alle Bereiche hinweg 38,2 % in Teilzeit und dementsprechend 61,8 % in Vollzeit beschäftigt.

Schichtarbeit im Unternehmen

Arbeitszeitregelungen im Unternehmen

Um eine durchgehende Patientenversorgung sicherzustellen, sind insbesondere im Pflegebereich Wechselschichtmodelle notwendig. Dabei existieren je nach personellen und organisatorischen Erfordernissen Systeme ohne und mit Nachtarbeit und jeweils ohne oder mit Wochenendarbeit: Während also in manchen Stationen oder Funktionsdiensten in Zweischicht (Früh- und Spätschicht) gearbeitet wird, wird in anderen Stationen die klassische Dreischichtarbeit praktiziert. In manchen Funktionsdiensten wird zudem ausschließlich in Kernarbeitszeiten, ggf. gekoppelt mit Bereitschaftsdiensten gearbeitet. Da auf den Bettenstationen der Arbeitsaufwand morgens zumeist höher ist als in der Nacht, werden ferner in der Nachtschicht weniger Pflegekräfte benötigt als im Früh- und Spätdienst. In der Regel müssen Pflegekräfte im Monat zwei bis drei Nachtdienste absolvieren. Je nach individueller Neigung und Verfügbarkeit kann die Anzahl der Nachtschichten aber auf bis zu sechs bis acht Dienste pro Monat erhöht werden.

Die Beschäftigten in KLINIK sind in folgenden Arbeitszeitmodellen tätig: Tagdienst, Tagdienst mit Bereitschaft, Wechselschicht mit Nachtschicht, Wechselschicht ohne Nachtschicht. Der Tagdienst umfasst eine Arbeitszeit von 8 bis 16 Uhr. Der Tagdienst mit Bereitschaft wird etwa in der Dialyse praktiziert: Die Kernarbeitszeit wird durch einen angehängten nächtlichen Bereitschaftsdienst ergänzt. Das insbesondere im Pflegebereich praktizierte Dreischichtsystem sieht folgende Arbeitszeiten vor: Frühdienst (6 Uhr bis 14.30 Uhr) Spätdienst (13 bis 21 Uhr) und Nachtdienst (21 bis 6 Uhr). Wechselschicht ohne Nachtschicht wird in manchen Funktionsdiensten ausgeübt: Im Herzkatheterlabor wird beispielsweise drei Wochen in einer Kernarbeitszeit von 8 bis 16 Uhr gearbeitet und eine Woche im Spätdienst (13 bis 21 Uhr); zusätzlich zur Wechselschicht kommen hier noch Bereitschaftsdienste hinzu. Darüber hinaus ist die Rezeption über ein Dreischichtsystem zu jeder Tag- und Nachtzeit besetzt.

Die unterschiedlichen Arbeitszeitmodelle verteilen sich wie folgt auf die sechs Arbeitsbereiche:

Abbildung 5: Arbeitszeitmodelle je Arbeitsbereich in KLINIK (2016)

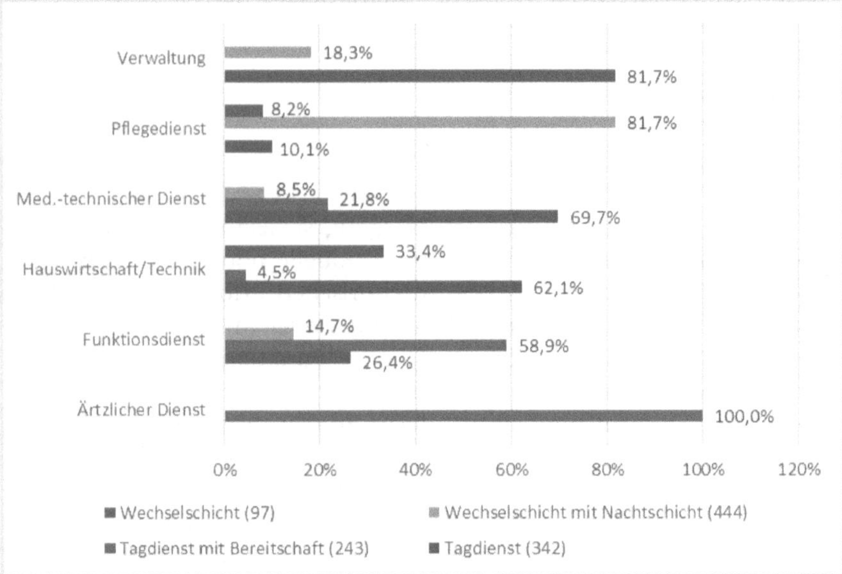

Mehr als vier Fünftel der Pflegekräfte sind im Dreischichtsystem mit Nachtarbeit tätig. Dieser Arbeitsbereich wurde daher auch primär für die empirische Bestandsaufnahme der vorliegenden Fallanalyse zugrunde gelegt. Auf den ersten Blick überraschend ist, dass vollkontinuierliche Schichtarbeit auch in der Verwaltung eingesetzt wird. Dabei handelt es sich mit der Rezeption um einen Bereich, der ebenfalls eine vollkontinuierliche Präsenz gewährleisten muss. Im ärztlichen Dienst wird ausschließlich Tagdienst mit Rufbereitschaft praktiziert. In den Bereichen Funktionsdienst, Hauswirtschaft/Technik und Medizinisch-technischer Dienst sind drei Arbeitszeitmodelle vertreten, wobei für die letzten beiden Bereiche der Tagdienst überwiegt.

Ein Unterschied von KLINIK im Vergleich zu den anderen Fallunternehmen liegt auch darin, dass die Belegungsstärke der einzelnen Schichten deutlich variiert. Während v. a. bei STAHL und STROM aus technischen Gründen die Schichten gleich stark besetzt sein müssen, werden in KLINIK v. a. die Nachtschichten als Nachtwachen deutlich schwächer besetzt als die Früh- bzw. Spätschicht. Auch die Dauer des Schichtzyklus und der Planungshorizont variieren zwischen den Fallunternehmen: In KLINIK müssen Dienstpläne wiederkehrend erstellt werden, da diese sich z. B. mit der Bettenbelegung ändern. Entsprechend unterscheiden sich auch die Schichtabfolgen stark. So werden in KLINIK die Schichtpläne für vier Wochen festgelegt und dann erneut innerhalb der Teams oder durch die Stationsleitungen „geschrieben", in den anderen Fallunternehmen bestehen zum Teil durchrollierende Pläne mit einem langfristigen Planungshorizont.

Flexible und lebensphasenorientierte Angebote der Arbeitszeitgestaltung

KLINIK legt großen Wert auf lebensphasen- und beteiligungsorientierte Angebote, mit denen die Mitarbeiter ihre Arbeitszeiten variieren können. Beide finden ihren Ausdruck in der Dienstplangestaltung in Eigenverantwortung, in der Wahlarbeitszeit und in der Möglichkeit, über Wunschbücher den Dienstplan mit zu gestalten.

Dienstplan in Eigenverantwortung

Vier von insgesamt 15 Stationen haben die so genannte „Dienstplangestaltung in Eigenverantwortung" eingeführt. Dabei handelt es sich um einen teilautonomen Prozess, bei dem Mitarbeiterinnen und Mitarbeiter den Dienstplan nach bestimmten Regeln erstellen. Das Vorgehen gestaltet sich folgendermaßen: Ein fest definierter Zeitplan gibt vor, wann der Dienstplan endgültig fertig gestellt sein muss. Im Vorfeld wird von der Stationsleitung ein Monatsdienstplan angefertigt. Dieser enthält bereits den bewilligten Urlaub sowie bekannte Zeiträume etwa bei Erkrankungen oder Fortbildungen sowie bestimmte Vorgaben, z. B. das Erfordernis für die Beschäftigten, im entsprechenden Monat zwei oder drei Wochenenden, vier

Nächte und ein oder zwei Feiertage zu belegen. Zielsetzung ist, dass alle Dienste entsprechend den Vorgaben besetzt werden. Stationsleitungen bzw. Vorgesetzte hängen den Plan zehn bis zwölf Tage aus, damit die Mitarbeiterinnen und Mitarbeiter ihre Dienstpräferenzen eintragen können, bevor er ins System eingegeben und nachkontrolliert wird. Bei fehlenden oder überbesetzten Diensten wird dies von der Stationsleitung kenntlich gemacht. Dann hängt der Plan noch einmal eine Woche, damit die Beschäftigten, basierend auf den Anmerkungen, die Planung anpassen bzw. korrigieren können. In der letzten Woche wird der Plan schließlich durch die Führungskräfte verbindlich erstellt und ausgehängt. Da es sich bei der Erstellung dieses Dienstplanes um einen relativ langwierigen Prozess handelt, wird eine entsprechende Vorlaufzeit von einem Monat benötigt.

Mit der Dienstplangestaltung in Eigenverantwortung sollen eine systematische Beteiligung der Mitarbeiterinnen und Mitarbeiter und einvernehmliche Lösungen erreicht werden. Zum einen fördere – so einige Mitarbeiter – dieses Vorgehen den Zusammenhalt in Teams; zum anderen können individuelle Prioritäten stärker umgesetzt und individuell belastende Schichten reduziert werden:

> „Der Dienstplan in Eigenverantwortung wird sehr positiv angenommen. Die Mitarbeiter haben Vorgaben von uns, wie viele Dienste sie im Monat planen müssen sowie auch Vorgaben bezüglich der abzuleistenden Stunden. Sie haben ja so ein Freizeitkonto, in der die Planung festgelegt ist. Aber ansonsten sind die Mitarbeiter völlig frei in ihrer Planung. Es sind meistens zwei Wochenenden, die man arbeiten muss, sowie vier bis fünf Nächte, die im Monat abzudecken sind. Und es ist wichtig, dass man nicht ins Minus rutscht." (Führungskraft Pflege)

Da das soziale Leben mit der Schichtarbeit besonderen Herausforderungen unterliegt, ermöglicht der Dienstplan in Eigenverantwortung, Arbeits- und Privatleben stärker in Einklang zu bringen. Aspekte der Work-Life-Balance können durch diese individuell zusammengestellten und nach Möglichkeit gewährten Dienstpräferenzen somit stärker berücksichtigt werden.

Neben den genannten Vorteilen zeigen sich aber auch Probleme bei dieser Art der Dienstplangestaltung. So werden arbeitswissenschaftliche Erkenntnisse bei der eigenverantwortlichen Gestaltung des Dienstplans von den Mitarbeiterinnen und Mitarbeitern nicht immer berücksichtigt: Obgleich es zu den arbeitsmedizinischen Standards gehört, dass sich ein vorwärtsrotierender Dienstplan weniger belastend auf die Gesundheit auswirkt als ein rückwärtsrotierender, unsystematischer Plan oder Schaukeldienst (Schmal 2015), wird den arbeitswissenschaftlichen Empfehlungen von Seiten der Beschäftigten nicht immer entsprochen.

In Expertengesprächen war als weiterer Nachteil zudem von „Rosinenpickern“ (Führungskraft Verwaltung) die Rede, wenn durchsetzungsfähigere Mitarbeiter sich in bestimmte, attraktive Schichtfolgen einschreiben. Dies führt unter Umständen dazu, dass die tägliche Sollbesetzung nur schwer ausgeplant werden kann:

> „Im Moment gibt es gerne den Kampf beim Dienstplan in Eigenverantwortung, Kerndienstschichten einzutragen. Dann muss man halt weniger Schichtdienst machen. Wir haben welche von 8 Uhr bis 16.12 Uhr und von 9 Uhr bis 17.12 Uhr. Das sind diese 7,7 Stunden tägliche Arbeitszeit.“ (Führungskraft Pflege)

> „Mitarbeiter schreiben sich halt mit ihren Wünschen hin und die tägliche Sollbesetzung ist ihnen gleichgültig. Ich schreibe mich so hin, wie ich das will und fertig. Da ist dieser Dienstplan im Prinzip zum Wunschplan mutiert.“ (Führungskraft Pflege)

Hier zeigt sich ein Spannungsverhältnis zwischen den funktionalen Anforderungen des Dienstplans und dem Anspruch der Führungskräfte an die Beschäftigten, bei der individuellen Dienstplangestaltung Verantwortung für eine funktionierende Personalisierung der Station zu übernehmen und dabei Gerechtigkeitsgrundsätze zu berücksichtigen.

Eine andere Führungskraft verweist demgegenüber auf ihr Selbstverständnis, sich in dieser Art von Dienstplangestaltung solidarisch zu zeigen:

> „Wir haben den Dienstplan in Eigenverantwortung vor drei Jahren eingeführt und das funktioniert schon sehr gut. Nur auch ich als Führungskraft gehe nicht hin und trage mir einfach die Kerndienste ein und lasse die anderen die Schichtarbeit machen.“ (Führungskraft Verwaltung, im Schichtdienst tätig)

Damit wird deutlich, dass der Dienstplan in Eigenverantwortung nur unter der Voraussetzung von einzuhaltenden Gerechtigkeitsüberlegungen innerhalb des Teams und unter Einschluss der Führungskräfte funktionieren kann. Für eine erfolgreiche Umsetzung des Dienstplans spielen mitunter auch Aushandlungsprozesse im Team eine Rolle, die von den Führungskräften moderiert werden müssen.

Wunschbuch

Zum Zeitpunkt der Befragung hatte sich nur eine Minderheit der Stationen in KLINIK für den eigenverantwortlich erstellten Dienstplan entschieden. In den anderen wurden so genannte Wunschbücher eingeführt. Dabei handelt es sich um Bücher oder Listen, in welche die Beschäftigten Wunschvorgaben für einzelne freie Tage eintragen können. In KLINIK variieren die Arbeitszeiten bzw. die Anzahl an dienstfreien Tagen häufig. Wunschbücher sollen dazu beitragen, die Belange der Beschäftigten bezüglich der Schichtabfolge und somit der Tage, an denen gearbeitet wird bzw. frei ist, zu berücksichtigen:

> „Deswegen sind wir auch froh, dass das so flexibel gehandhabt wird mit Wunschplänen, aber auch mit der Früh- und Mittagsschicht im Allgemeinen. D. h., diese flexible Schichtarbeit muss auch gewährleistet sein, um Kinder in die Welt zu setzen. Mit Kind und Kegel muss man also entgegensetzt arbeiten, wenn beide Partner im Schichtdienst sind. Anders würde das auch gar nicht funktionieren." (Mitarbeiter Funktionsdienst)

Auch wenn sich das Wunschbuch lediglich auf die Lage der freien Tage beschränkt und nicht die Lage der Schichten umfasst, trägt es zur Planbarkeit der Freizeit und des sozialen Lebens bei.

Die Implementierung von eigenverantwortlicher Dienstplangestaltung und Wunschbüchern bzw. -plänen greift damit auch (arbeits-)wissenschaftliche Erkenntnisse auf, denen zu Folge der Dienst nach Wunsch die Mitarbeiterzufriedenheit und -gesundheit fördert (Galatsch 2013). Schichtbeschäftigte mit Partizipationsmöglichkeiten bei der Arbeitszeitlage sind überdies offenbar weniger stark von Schlafstörungen betroffen (Beermann 2010). Beide Instrumente ermöglichen im Vergleich zu den anderen Fallunternehmen eine größere Flexibilität für die Beschäftigten.

Wahlarbeitszeit

Darüber hinaus bietet eine seit 2014 eingeführte Betriebsvereinbarung „Wahlarbeitszeit" den Beschäftigten die Möglichkeit, eine stufenlose Reduzierung der Arbeitszeit bis auf 75 % vorzunehmen. Zugleich sieht diese ein garantiertes Rückkehrrecht zur vorherigen Arbeitszeit vor. Die Ankündigungsfrist beträgt ein halbes Jahr, die Reduzierung muss nicht begründet werden. Die Dauer der Wahlarbeitszeit – der Mindestzeitraum beträgt drei

Monate – muss hingegen verbindlich festgelegt werden. Mit der Verkürzung der Arbeitszeit können zeitliche Kapazitäten für Familie, Pflege von Angehörigen oder für private Interessen eingerichtet werden. Lebensphasenorientierte Arbeitszeitmodelle wie die Wahlarbeitszeit erleichtern es, wechselnden Bedarfslagen Rechnung zu tragen.

Mit dem Rückkehrrecht von in Teilzeit Beschäftigten zu einer Vollzeitstelle praktiziert KLINIK bereits, was die Bundesregierung mit der neuen „Brückenteilzeit" ab 2019 umzusetzen gedenkt: den Wechsel in Teilzeit und zurück in Vollzeit. Das bisherige Teilzeit- und Befristungsgesetz ermöglicht diese Rückkehr nicht. Insofern kann die Wahlarbeitszeit als ein Good-Practice-Beispiel gelten.

Dennoch stieß das Instrument bisher auf eine nur verhaltene Resonanz: In den Jahren 2016 und 2017 nutzten lediglich 2 % der Beschäftigten die Wahlarbeitszeit. Einerseits verfügt ein großer Teil der Beschäftigten bereits über einen Teilzeit-Arbeitsvertrag. Andererseits bestehen für die Umsetzung der Wahlarbeitszeit offensichtlich einige Restriktionen. So bedeutet die Arbeitszeitreduktion einer Mitarbeiterin bzw. eines Mitarbeiters im Rahmen der Wahlarbeitszeit zunächst eine Mehrbelastung der anderen Teammitglieder:

> „In der Wahlarbeitszeit wird der reduzierte Stellenumfang eines Mitarbeiters zunächst nicht bei anderen aufgestockt oder anderweitig kompensiert. Wenn die Stelle aber bei dem entsprechenden Mitarbeiter dauerhaft reduziert bleiben sollte, könnte sie aufgestockt werden, falls ein anderer Mitarbeiter daran Interesse hat." (Führungskraft Pflege)

Auf den Stationen sind keine personellen Kompensationen hinsichtlich einer Aufstockung des vom Mitarbeiter reduzierten Stellenanteils geregelt. Dadurch entsteht eine auseinanderklaffende Belastungsschere: Die probeweise Entlastung des in der Wahlarbeitszeit tätigen (einen) Mitarbeiters geht somit – zumindest bis zum Zeitpunkt der Beendigung der Wahlarbeitszeit bzw. einer dauerhaft vereinbarten Arbeitszeitreduzierung – zulasten der übrigen Pflegekräfte.

Darüber hinaus wird das etwa im Vergleich zur Metallindustrie ohnehin niedrigere Gehaltsniveau in Pflegeeinrichtungen und Krankenhäusern durch freiwillige Teilzeitarbeit im Rahmen der Wahlarbeitszeit weiter reduziert:

> „Mit der Wahlarbeitszeit sind immer auch finanzielle Einbußen verbunden. Viele Mitarbeiter können oder wollen nicht auf das Geld verzichten. Ich habe jetzt eine Mitarbeiterin in der Wahlarbeitszeit, die

das als sehr positiv empfindet und auch dabei bleiben wird." (Führungskraft Pflege)

Trotz dieser Limitationen birgt eine Ausweitung dieses Modells sowohl unternehmens- als auch personalpolitische Chancen: Neben der Steigerung der Arbeitgeberattraktivität durch innovative Arbeitszeitmodelle geht mit der Wahlarbeitszeit auch die Möglichkeit einher, die Arbeitszeit nach privaten Bedürfnissen ohne Begründungspflicht anpassen zu können – ein wichtiges Signal des Unternehmens zur Unterstützung der Work-Life-Balance und der Mitarbeiterzufriedenheit gerade bei Schichtbeschäftigten.

Altersstruktur, Schichtarbeit und Gesundheit

Der Altersdurchschnitt der Belegschaft im Fallunternehmen beträgt 43 Jahre. Wie die untenstehende Abbildung der Altersverteilung zeigt, verteilt sich der Prozentanteil in den Alterssegmenten 25 bis 59 relativ gleichmäßig. Knapp zwei Fünftel der Beschäftigten in KLINIK sind älter als 50 Jahre:

Abbildung 6: Altersstruktur der Belegschaft in KLINIK (2016)

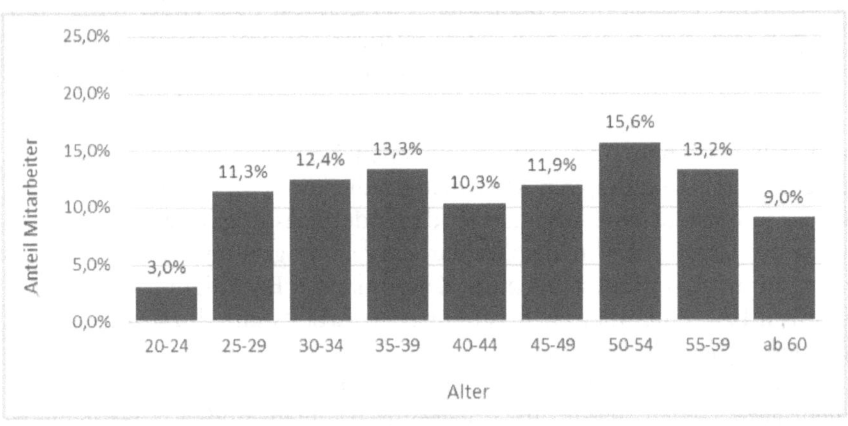

Im Folgenden wird der Zusammenhang von Altersstruktur, Schichtarbeit und Gesundheit in KLINIK anhand der Verteilung von Arbeitsunfähigkeits-Tagen näher betrachtet:

Abbildung 7: Fehltage nach Altersgruppen und Arbeitszeitsystem in KLINIK (2016)

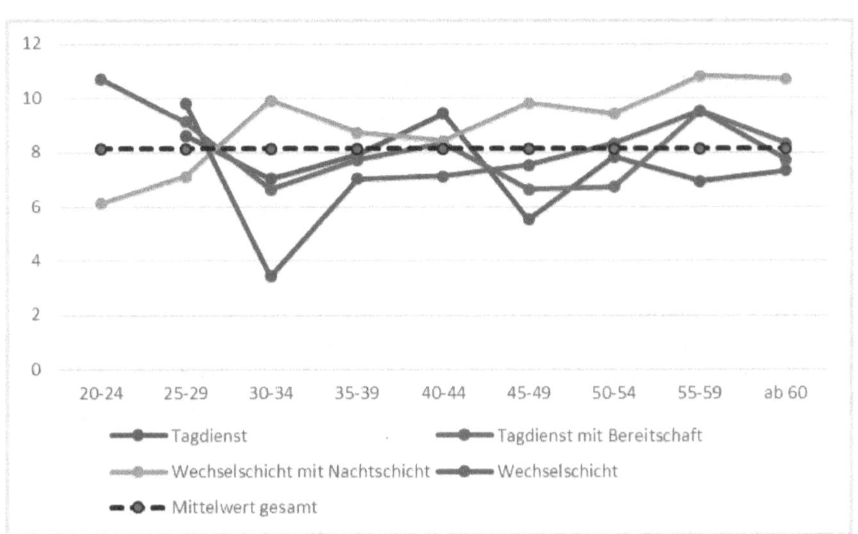

Im obigen Diagramm werden die AU-Daten für Schichtbeschäftigte im Dreischicht- und Zweischichtsystem (Wechselschicht mit und ohne Nachtschicht), Mitarbeiter im Tagdienst (mit Bereitschaft) sowie für die Gesamtbelegschaft verdeutlicht. Die Fehltage bei den Beschäftigten ohne Schichtarbeit, also in Tagdienst mit oder ohne Bereitschaft, liegen unter dem durchschnittlichen Wert der Gesamtbelegschaft. Im Gegensatz dazu zeigt sich bei den im Dreischichtsystem (Wechselschicht mit Nachtschicht) und – wie aus Abbildung 5: Arbeitszeitmodelle je Arbeitsbereich in KLINIK (2016) ersichtlich – zugleich überwiegend im Pflegedienst tätigen Beschäftigten ein Anstieg der AU-Tage bei zunehmendem Lebensalter. So übersteigt in dieser Gruppe die Zahl der Arbeitsunfähigkeits-Tage bereits ab dem 30. Lebensjahr den betrieblichen Durchschnitt. Die hohe Fehlzeitenquote im Pflegedienst ab einer höheren Altersspanne impliziert, dass für die Gestaltung der Arbeitsbedingungen der in Schichtarbeit tätigen Beschäftigten besonderer Handlungsbedarf besteht.

Erfahrungen mit Schichtarbeit

Im Rahmen der zehn in KLINIK durchgeführten Experteninterviews wurden Gesprächspartner aus den Arbeitsbereichen Pflegedirektion, Personalabteilung, Betriebsrat, Personal- und Organisationsentwicklung, Verwaltung, Stationsleitung und Arbeitsschutz befragt. Die interviewten Mitarbeiterinnen und Mitarbeiter aus den Beschäftigteninterviews sind im Pflege- und Verwaltungsbereich in Schichtarbeit tätig. Die durchschnittliche Schichtarbeitsdauer der Befragten lag bei rund 21 Jahren; rund 62 % waren in Vollzeit, etwa 38 % in Teilzeit beschäftigt.

Generell wird die Leistungsverdichtung im Klinikalltag von nahezu allen Interviewpartnern des Fallunternehmens als sehr belastend empfunden und u. a. in Zusammenhang mit den Strukturen der Krankenhausfinanzierung gesetzt. Mit der Arbeitsverdichtung geht eine von einigen Beschäftigten wahrgenommene unzureichende Personalbemessung einher. Obgleich KLINIK als expandierendes Unternehmen in den letzten Jahren einen konstanten Personalaufbau verfolgt hat, entsteht bei den Mitarbeiterinnen und Mitarbeitern dennoch der Eindruck, dass die Personalisierung im Pflegebereich mit der zu erbringenden Arbeitsanforderung im Ungleichgewicht steht.

Entwicklung der Arbeitsanforderungen in der Krankenhauspflege

Im Krankenhausablauf resultieren die veränderten Arbeitsanforderungen vordergründig aus der Einführung der fallpauschalierten Vergütung für stationäre Krankenhausleistungen auf Basis des G-DRG-Systems (Roeder, Franz 2014). Die daraufhin verstärkte Reduzierung der Verweildauer hat die Abläufe eines Krankenhausaufenthalts rapide beschleunigt. Die Orientierung der Kliniken auf die Erlössituation hat zu einem erheblich höheren Patienten-Durchlauf geführt. Im stationären Arbeitsalltag ist eine wesentliche Folge dieser Ökonomisierung in einem Personalabbau im Pflegedienst zu sehen, die zugleich mit einem Wachstum beim ärztlichen Personal einhergeht. Dadurch wird ein Prioritätenwechsel ersichtlich: der Rückbau pflegerischer Leistungen zugunsten der Verstärkung ärztlicher Leistungen, die im DRG-System abgerechnet werden können. Durch medizinische Leistungen sollen Fallzahlen gesteigert und Überkapazitäten vermieden werden; die Verkürzung der Verweildauern erfolgt jedoch im Zuge der damit einhergehenden Arbeitsverdichtung auf Kosten der Pflege (Nock et al. 2013).

Die Leistungs- und Arbeitsverdichtung wird von den Pflegekräften insbesondere als eine verstärkte Dokumentationspflicht, als Weiterbildungsanforderungen durch technische Neuheiten (v. a. in Intensivstationen) und als Delegation von ärztlichen Aufgaben an das Pflegepersonal wahrgenommen:

> „Es ist zum Teil von Seiten der Ärzte schwierig, weil diese keine dem Pflegebereich vergleichbare Struktur in ihrer Organisation haben. Und das fällt ja alles in unseren Bereich, z. B. die nach einer verspäteten ärztlichen Visite zu erfolgende zeitnahe Ausarbeitung der Akten. Ich sage immer, wenn wir allein arbeiten würden, wäre die Arbeit schnell erledigt. Aber dadurch, dass man immer mit den anderen Berufsgruppen in Abhängigkeit steht, ist es teilweise schwer." (Führungskraft Pflege)

Aus den im Rahmen der empirischen Bestandsaufnahme durchgeführten Experten- und Beschäftigtengesprächen gehen ferner gestiegene Arbeitsanforderungen durch den wachsenden Einsatz von Technik und der fortschreitenden Digitalisierung hervor. Zwar führt die Durchdringung des Krankenhauses mit digitaler Technik zu einer Zeitersparnis, zugleich aber auch zu einem erhöhten Arbeitsdruck (Bräutigam et al. 2017). Als besondere Herausforderung benennen die Interviewpartner die Partizipation der Beschäftigten bei der Einführung technischer Neuerungen. Zum einen werden Defizite bei der Information über neue technische Hilfsmittel am eigenen Arbeitsplatz benannt. Zum anderen wird eine mangelnde Beteiligung der Beschäftigten an einer Evaluation und Optimierung ebendieser Techniken konstatiert.

Zudem wird durch die verstärkte Technisierung die Ergonomie am Arbeitsplatz verschlechtert:

> „Die räumliche Enge erschwert die tägliche Arbeit auf dieser Station kontinuierlich. Die Patientenzimmer sind nie vergrößert worden. Gleichzeitig ist aber die Technik mehr geworden. Überall ist alles nur dabei gesteckt. D. h., ich muss mich verbiegen und gucken, wo ich wie irgendwo drankomme." (Führungskraft Pflege)

Aus den strukturellen Entwicklungen in Krankenhausbetrieben sowie Technisierungsprozessen resultiert somit eine verstärkte Arbeits- und Leistungsverdichtung (unabhängig von Schichtarbeit), die – wie im Folgenden aufgezeigt – Auswirkungen auf die Gesundheit der Beschäftigten haben kann, insbesondere in schichtarbeitsgeprägten Bereichen.

Schichtarbeit und subjektive Gesundheit

Die mit dem Schichtdienst einhergehenden Belastungen wurden von den Interviewpartnern unterschiedlich bewertet. Zwar hebt die Mehrheit der befragten Interviewpartner die vielen mit Schichtarbeit einhergehenden gesundheitlichen Belastungen hervor, die auf körperlich und psychisch fordernde Arbeitsbedingungen zurückgeführt werden; andere (wenige) haben sich mit der Schichtarbeit arrangiert und verspüren auch im Alter keine ansteigenden Belastungen:

> „Sie haben Mitarbeiter, die stark belastet sind und innerlich gekündigt haben. Dann gibt es oftmals in der Pflege diejenigen, die wirklich aufgegeben haben. Und dann gibt es Mitarbeiter, die immer noch gern hier arbeiten und froh sind, dass sie hier arbeiten dürfen und die sich mit dem Arbeitgeber identifizieren." (Mitarbeiter Funktionsdienst)

Der hohe Anteil an Teilzeitbeschäftigung in KLINIK steuert dabei den Schichtarbeitsbelastungen ein Stück weit entgegen:

> „Mit den vielen Teilzeitkräften wird die Möglichkeit geschaffen, dass Belastungen im Schichtbetrieb gestreut werden, indem sich Beschäftigte zu Hause wieder regenerieren können." (Führungskraft Verwaltung)

Für das Unternehmen birgt Teilzeitarbeit einen doppelten Nutzen: Unabhängig davon, ob die Beschäftigten diese Teilzeitbeschäftigung von Anfang an anstreben oder eine Reduzierung des Stellenumfangs durch die Belastungskumulation forciert wird, sind Teilzeitbeschäftigte erholter und in der Regel weniger belastet als Vollzeitbeschäftigte. Zugleich sind sie deutlich flexibler in der Dienstplanung einsetzbar und können bei Bedarf auch leichter aus dem Dienstfrei gerufen werden.

Wahrnehmung körperlicher Belastungen

Bezüglich der körperlichen Belastungen wurden in den Interviews eine Breite körperlicher Beschwerden von Rückenproblemen über Schlafstörungen bis hin zu einem geschwächten Immunsystem angeführt. Infolge hoher Arbeitsbelastung, z. B. durch die Versorgung aufwändiger Patientengruppen oder personelle Engpässe, werden die negativen (körperlichen) Auswirkungen des Arbeitens im Schichtdienst zusätzlich verstärkt. Diese nehmen nach übereinstimmender Ansicht der Interviewpartner ab einem gewissen Alter stetig zu:

> „Grundsätzlich ist Schichtarbeit immer Belastung für den Körper. Diese Springereien machen dich fertig. Und je älter du wirst, desto weniger Schlaf bekommst du. [...] Diese Umstellung, allein von Früh auf Mittag und Mittag auf Früh und das so plötzlich, das merkt die innere Uhr. Und die macht das Durcheinander, ruft Kopfschmerzen und andere Krankheiten hervor. [...] Das ist ab einem Alter von 50 Jahren nicht mehr schön. Punkt." (Mitarbeiter Funktionsdienst)

Die angeführten Belastungen treten mitunter in Kombination mit bestimmten Schichtfolgen auf. So führt insbesondere der langjährige Einsatz in Nachtdiensten v. a. im Alter zu verstärkten körperlichen Beeinträchtigungen wie Einschlafproblemen oder Migränebeschwerden nach der Nachtschicht:

> „Mein Hauptproblem ist der Nachtdienst. [...] Es auch nicht an sich die Arbeit nachts, sondern das Schlafen tagsüber. Das ist ganz, ganz schlimm geworden. [...] In jungen Jahren bin ich morgens vom Nachtdienst heim, hab mich ins Bett gelegt, hab geschlafen bis nachmittags um 16 Uhr. Das war gar kein Problem. Heute kann ich das nicht mehr. [...] Mittlerweile bekomme ich davon Migräneanfälle. Die hatte ich in jüngeren Jahren auch noch nicht." (Mitarbeiterin Pflege)

> „Der Schlaf ist das Hauptproblem. Und diese Problematik hat sich in den letzten ein, zwei Jahren verschärft. Ich bin letztes Jahr 50 geworden und mache schon seit 30 Jahren Schichtdienst. Ich glaube, dass die gesundheitlichen Beeinträchtigungen ab 50 rapide zunehmen. Kolleginnen in einem ähnlichen Alter haben alle die gleichen Probleme." (Mitarbeiterin Pflege)

Eine andere Mitarbeiterin, die nach dem Dienstplan in Eigenverantwortung arbeitet, legt auf eine für sie gesundheitsverträgliche Schichtplangestaltung Wert und verweist in diesem Zusammenhang auf die früheren langen Nachtschichtphasen von sieben Nächten:

> „Die Erholung nach dem Nachtdienst ist kaum noch vorhanden. Ich kenne es noch von ganz früher, als wir sieben Nächte gearbeitet haben und dann sieben Tage frei hatten. Dadurch war eine lange Erholungsphase gegeben. Dann habe ich eine Zeit lang vier Nächte am Stück gearbeitet, worauf im Anschluss freie Tage zur Verfügung standen. Das kann ich aber auch nicht mehr. Ich bin jetzt dabei, die Nachtschichtblöcke schon zu unterteilen. Ich mache am Anfang zwei Nächte und zum Schluss zwei Nächte. Dann ist dieses Umspringen wieder in den normalen Rhythmus nicht so schwer." (Mitarbeiterin Pflege)

Es verbleibt in der Verantwortung der einzelnen Mitarbeiterin, eine belastungsarme Verteilung der Nachtschichten zu erproben und im Dienstplan einzurichten. Doch nicht nur die zeitliche Lage der Nachtarbeit, sondern auch die stetige Zunahme von Aufgaben während der Nachtschicht werden als belastungsintensiv beschrieben:

> „Beim Nachtdienst gab es früher oftmals weniger zu tun; die Patienten haben geschlafen und man hat seine Nachtwache gemacht. Heute gibt es an vielen Nächten gar keinen Unterschied mehr zum Tagdienst; die Versorgung ist auch nachts viel aufwändiger geworden. Früher hatte der Nachtdienst noch etliche Ruhephasen. Das gibt es heute nicht mehr." (Führungskraft Pflege)

Infolge der Verkürzung der Liegezeiten verbleiben im Krankenhaus fast ausschließlich Patienten mit einem hohen Versorgungsaufwand. Dies schlägt sich auch in einer Intensivierung der Arbeit für die Nachtwachen nieder.

Jedoch ist nicht immer die Nachtschicht das für die Mitarbeiter am stärksten belastende Arbeitszeitintervall. In einigen Fällen wird die Frühschicht als besonders arbeits- und belastungsintensiv wahrgenommen:

> „Wenn man die Frühschicht hat, dann fängt man schon so um 19 Uhr an, nervös zu werden und an sich zu appellieren, ins Bett zu gehen. Das ist das, was mich so fertig macht an der ganzen Situation. Nicht die Belastung an sich, sondern dieser psychologische Frühschicht-Druck: Du hast doch morgen Frühschicht, du hast morgen Frühschicht." (Mitarbeiter Funktionsdienst)

Für manche Mitarbeiter entsteht somit ein für die Nachtruhe kontraproduktiver Druck, rechtzeitig vor der Frühschicht genügend Schlaf zu finden.

Auf anderen Stationen sind wiederum im Spätdienst die Arbeitsanforderungen besonders hoch, v. a. wenn die Visite wegen interner Abläufe in den späten Vormittag oder in den Nachmittag verschoben wird und mit dem um diese Zeit abzuwickelnden Aufnahme- und Entlassmanagement kollidiert:

> „Bei uns ist es eigentlich mittags teilweise schlimmer als morgens, weil sich alles in den Mittagsdienst hineinschiebt. Wir haben ja viele Transporte, die gemacht werden müssen, wenn Patienten zu irgendwelchen Untersuchungen müssen. Auch die Neuzugänge werden meistens erst mittags von den Ärzten angeschaut. Die Entlassungen laufen bei uns meistens erst am Nachmittag. Ja, es ist organisatorisch sehr viel. Bei

uns ist es mittlerweile so, dass viele Mitarbeiter eigentlich gar nicht mehr gerne Mittagsdienst machen, weil der schlimmer ist als der Frühdienst." (Mitarbeiterin Pflege)

Dieses Beispiel zeigt, dass die Belastungen durch die Schichtarbeit durch intervenierende Faktoren – etwa Abläufe und Arbeitsanforderungen – geprägt sind und daher je nach Abteilung oder Station auch innerhalb ein- und desselben Betriebs sehr variieren können. Vor allem die steigenden organisatorischen Anforderungen im Klinikalltag, die Versorgung aufwändiger Patientengruppen und die personellen Engpässe werden als Belastungen thematisiert, die die Arbeit im Schichtdienst zusätzlich erschweren.

Wahrnehmung psychischer Belastungen

Neben den körperlichen Beschwerden beschreiben die befragten Experten und Beschäftigten auch psychische Belastungen durch den Schichtdienst. So ist es ein wichtiger professioneller Anspruch der Pflege, die Patienten in mitunter existenziellen Krisensituationen mit Empathie und Mitgefühl zu begleiten. Dies lässt sich im Klinikalltag häufig nicht zufriedenstellend realisieren:

> „Ein hoher Faktor in der psychischen Belastung ist nicht unbedingt das Sterben des Patienten, sondern dass ich nicht die Zeit habe, mit dem sterbenden Patienten ordnungsgemäß umzugehen. Nicht der Tod an sich, sondern der Druck hintendran, dass ich nicht nur den einen Patienten habe, sondern noch 14 andere. Und ich bin allein." (Führungskraft Pflege)

Um solchen Belastungen (insbesondere auch in Nachtschichten) entgegenzuwirken, hat KLINIK die Betriebsvereinbarung „Keine Nacht alleine" abgeschlossen, die sicherstellt, dass keine Pflegekraft nachts alleine arbeiten muss. Im Zuge dieser Vereinbarung wurde auf einer Station nachpersonalisiert, in den übrigen bettenführenden Stationen war die Nachtschicht bereits bisher zu zweit besetzt.

Auch können Ereignisse im privaten oder familiären Umfeld sich auf das Belastungserleben im Beruf auswirken:

> „Es kommt immer darauf an, wie man selber von der Psyche her veranlagt ist. Wenn man sich selbst nicht gut fühlt, hat es starke Auswirkungen auf die psychische Verfassung. Letztes Jahr gab es Todesfälle in meiner Familie, wodurch ich auch auf der Arbeit nicht sehr belastbar

> war. Und wenn die alten Leute mit 90 Jahren in den Betten liegen und rundum betreut werden und du hast in deiner Familie jemanden, der mit 58 stirbt, ist das schon ein Problem. Das hat mir letztes Jahr sehr zu schaffen gemacht." (Mitarbeiterin Pflege)

Sowohl die individuelle Belastbarkeit als auch die für die Pflegearbeit entsprechende Einstellung werden wesentlich durch lebensweltliche Faktoren mit beeinflusst. Durch Krisen im privaten Bereich kann die Fähigkeit zur Verarbeitung arbeitsbedingter Belastungen deutlich gemindert sein.

Als weitere psychische Belastung kommt der in manchen Bereichen (z. B. in der Dialyse) praktizierte Bereitschaftsdienst hinzu: Nach der Mittagsschicht von 13 bis 21.12 Uhr sind Mitarbeiter von 21.12 bis 6 Uhr im Bereitschaftsdienst. Ein Mitarbeiter spitzt die damit einhergehende Belastung folgendermaßen zusammen:

> „Das ist der größte psychische Druck für meinen Job: Bereitschaft. Für einige Mitarbeiter ist der Bereitschaftsdienst das schlimmste, was man einem Menschen antun kann. Sie haben Angst, dass sie alleine rausmüssen, um ein Menschenleben zu retten, mit der Maschine und es könnte was passieren. Die würden lieber 20 Schichten am Stück machen als eine Nacht Bereitschaft." (Mitarbeiter Funktionsdienst)

Bei tatsächlichem Einsatz in der Nacht alleine arbeiten und die alleinige Verantwortung für Menschen übernehmen zu müssen, ruft bei einigen Beschäftigten einen offenbar großen psychischen Druck hervor. Die unterbrochene Regenerationszeit stellt eine weitere Belastung dar. Selbst wenn kein tatsächlicher Arbeitseinsatz erfolgt, können Bereitschaftsdienste die Erholungsfähigkeit der Beschäftigten stark einschränken.

Einige Interviewpartner beschreiben mit der psychischen Belastung einhergehende körperliche Beschwerden wie Kopfschmerzen, Verspannungen, Bauchschmerzen oder eine physische und psychische Abgeschlagenheit. Nicht nur die Tatsache, häufig mit Patientenschicksalen und weiteren belastenden Ereignissen konfrontiert zu werden, wirkt sich ungünstig auf die psychische Gesundheit aus. Beschäftigte beschreiben zudem, dass sich eine Störung des zirkadianen Rhythmus im Rahmen einer rotierenden Wechselschicht oder im Nachtdienst ebenfalls ungünstig auf die Kognition, Gedächtnisleistung und das Denkvermögen auswirkt.

Wahrnehmung sozialer Folgen

Neben körperlichen und psychischen Beschwerden äußern viele Beschäftigte aber auch soziale Beeinträchtigungen infolge unregelmäßiger und dem gesellschaftlichen Leben entgegenlaufender Dienstzeiten. Das Arbeiten an Wochenenden und an Feiertagen erschwert nicht selten das Aufrechterhalten sozialer Kontakte, wenn etwa Familienfeiern oder ein geselliges Zusammensein mit Freunden auf ein Dienstwochenende fallen (Schmal 2015). Zugleich sind aber viele Mitarbeiter auch privat miteinander befreundet, wodurch einer „zeitlichen Desynchronisation" entgegenwirkt und eine soziale Teilhabe ermöglicht werden kann:

> „Bei uns im Team sind auch sehr viele Mitarbeiter privat miteinander befreundet. Das war immer schon bei uns auf der Abteilung so, ich kenne es eigentlich gar nicht anders. Wir sind wie eine Familie und richten auch privat Feste zusammen aus, z. B. Weihnachtsfeiern oder Sommerfeste. Und wenn bei runden Geburtstagen groß gefeiert wird, ist auch das ganze Team mit eingeladen. Und die kommen auch fast immer alle." (Mitarbeiterin Pflege)

Die Vereinbarkeit von Privat- und Berufsleben funktioniert mitunter gut, wenn der Partner die Haushaltspflichten mit übernimmt:

> „Der familiäre Alltag klappt eigentlich gut. Mein Mann arbeitet von Zuhause aus, das ist eigentlich perfekt. Mein Mann macht auch fast die meiste Hausarbeit, der kocht, geht einkaufen." (Mitarbeitern Pflege)

> „Auf einige Mitarbeiter ist der Schichtdienst zugeschnitten. Das passt einfach. Der Beruf und das Privatleben sind aufeinander passend gemacht worden." (Führungskraft Pflege)

Insgesamt zeigt sich, dass die Arbeit im Schichtdienst mit einer sozialen Desynchronisation einhergehen kann, aber nicht muss. Zwar kann eine Pflegekraft im Schichtdienst ihre Alltagsaktivitäten nur bedingt an den zeitlichen Standards der Gesellschaft ausrichten und muss sich daher bei den Teilhabemöglichkeiten einschränken; regelmäßige Treffen z. B. in Sportvereinen sind damit nicht immer realisierbar. Dennoch kann das soziale Umfeld dementsprechend sensibilisiert und eine Anpassung der Aktivitäten des sozialen Umfelds an die atypischen Arbeitszeiten ermöglicht werden.

Schichtarbeit und Generationenkonflikte

Etliche Interviewpartner weisen auf den Generationenmix im Krankenhauspersonal und die damit zum Teil einhergehenden Generationenkonflikte hin. Dabei führen den Einschätzungen der Befragten zufolge insbesondere die nicht thematisierten und ausbalancierten Interessen der verschiedenen Altersgruppen in den Stationsteams zu Belastungen. In diesem Zusammenhang werden insbesondere die jüngeren Kolleginnen und Kollegen von einigen Interviewpartnern als stärker freizeitorientiert beschrieben, während den Älteren ein stärkeres Pflichtbewusstsein zugeschrieben wird:

> „Da kommen ja auch jüngere Leute nach und ich denke, dass das schon ein Punkt ist, den man hier ansprechen muss. Wir haben ja schon einen gewissen Generationenkonflikt. Die nachkommenden Generationen sehen verschiedene Dinge nicht so wie die Älteren und agieren auch ganz anders." (Führungskraft Pflege)

> „Was uns aber auch schon aufgefallen ist, sind diese Generationenunterschiede. Insbesondere die Generationen Y und Z favorisieren, so kommt es mir zumindest vor, die Freizeit; und die Arbeit muss sich nach der Freizeit richten. Das habe ich als ältere Generation nicht so gelernt. Ich kenne das so nicht und viele meiner Kolleginnen kennen das so auch nicht. Wir haben früher unseren Dienstplan vorgegeben bekommen und dann mussten wir schauen, wie wir arbeiten. Das ist bei den Jüngeren nicht mehr. Die sind sehr fixiert auf ihre Freizeit. Und das merkt man auch in ihrer Dienstplangestaltung." (Mitarbeiterin Pflege)

Die Befragten akzentuieren die Wahrnehmung, dass sich die Arbeitsorientierungen zwischen den unterschiedlichen Generationen deutlich unterscheiden. Den jüngeren Kolleginnen wird dabei ein Wunsch nach stärkerer Trennung von Beruf und Privatleben nachgesagt. Die Führungskräfte stehen zunehmend vor der Herausforderung, die unterschiedlichen Orientierungen und Interessen der Teammitglieder zu moderieren und bei der Dienstplanbesetzung zu berücksichtigen.

Die stärkere Freizeitorientierung der jüngeren Generation macht sich Einschätzungen zufolge insbesondere auch im Zusammenhang mit der Bereitschaft bemerkbar, kurzfristig aus dem Frei einzuspringen:

> „Beim Einspringen wird das Generationenproblem wieder einmal deutlich. Über Facebook und WhatsApp sind die jüngeren Mitarbeiter

untereinander bestens vernetzt. Aber wenn man zwecks kurzfristiger Personalbesetzung bei einem dieser Mitarbeiter auf dem Festnetz anruft, geht nie einer ran." (Führungskraft Pflege)

Auch in der alltäglichen Schichtplangestaltung nimmt das Thema Generationen einen besonderen Stellenwert ein.

„Was man bei der Erstellung des Dienstplanes immer wieder feststellen kann: Es sind viele Junge, die sich auch zusammen für die gleichen Schichten eintragen. Die Älteren planen sich wiederum mit den Älteren." (Führungskraft Pflege)

Der Dienstplan in Eigenverantwortung führt offensichtlich auch zu dem Ergebnis, dass sich Mitarbeiter gleicher Altersgruppen für bestimmte Schichten zusammenschließen. Die Führungskraft steht dabei vor der Herausforderung, zwischen diesem Mitarbeiterwunsch und dem Ziel, immer auch erfahrene Kräfte auf der Station präsent zu haben, zu vermitteln.

Kurzfristiges Einspringen – Ruf aus dem Frei

Eine mehrfach in den Gesprächen genannte Belastung stellt das kurzfristige Einspringen aus dem Dienstfrei dar. Zwar werden die verschiedenen in KLINIK angebotenen Optionen wie Wahlarbeitszeit oder der Dienstplan in Eigenverantwortung im Rahmen der Arbeitszeit- und Dienstplangestaltung als positiv hervorgehoben. Dennoch ist gelegentlich bzw. zeitweise (z. B. bei einer Häufung von Krankheitsfällen) die mindestens notwendige Personaldecke durch den Dienstplan nicht mehr gewährleistet. So werden Pflegekräfte mitunter im Frei angerufen und für einen kurzfristigen Einsatz angefragt. In der Regel kann so der Personalausfall kompensiert werden. Eine Beschäftigte aus KLINIK begründet die hohe Einsatzbereitschaft mit der sozialen Grundeinstellung der Pflegekräfte:

„Aber es klappt immer wieder, weil wir sozial sind. Und weil wir kollegial sind. Kollegialität ist sehr wichtig" (Mitarbeiterin Pflege).

Dabei wird gerade in Teilzeitarbeitnehmern ein erhebliches und v. a. flexibles Arbeitszeitpotential gesehen, weswegen diese bei (kurzfristig benötigtem) Personalbedarf oft zuerst angefragt werden:

„Ich komme vier Stunden, arbeite aber manchmal wesentlich mehr. Sind die Patienten wirklich versorgt? Ist genügend Personal da? Ich muss sagen, ich bin ein sehr sozialer Mensch. Und ich kann auch nie 'nein' sagen. Ich habe gerade bei einer dünnen Personaldecke dann auch Mitleid mit der Stationsleitung und bin aufgrund der Teilzeitanstellung ja auch flexibel." (Mitarbeiterin Pflege)

Je nach Station berichten Beschäftigte von kurzfristigen Arbeitseinsätzen, die durchaus zwei Mal in der Woche erfolgen können. Insofern sind auch die Stationsleitungen mitunter täglich damit beschäftigt, krankheitsbedingte Ausfälle zu kompensieren und ein Rekrutierungsmanagement zu betreiben:

> „Was ein großer Erschwernisfaktor für die Abteilungen ist, dass man jeden Tag die Sollbesetzung auf dem Dienst halten muss. Krankmeldungen und Ausfälle müssen somit umgehend nachpersonalisiert werden. Die Leitung hat im Prinzip ganz häufig damit zu tun, Personal zu rekrutieren." (Führungskraft Pflege)

Trotz der oben beschriebenen Kollegialität einiger Mitarbeiterinnen und Mitarbeiter gestaltet sich die Personalbesetzung jedoch manchmal auch schwierig:

> „Man ruft als Leitung an und bettelt, dass jemand zum Dienst kommt. Das ist an der Tagesordnung. Es gibt kleinere Krankheitsausfälle, dass sich jemand für einen Tag krankmeldet, die dann aber in drei Stationen gleichzeitig auftreten können. Wir sprechen hier wirklich nicht von einer Seltenheit." (Führungskraft Pflege)

Eine andere Führungskraft aus der Pflege verweist auf betriebliche Anreize, die dem einspringenden Mitarbeiter angeboten werden, z.B. Tankgutscheine oder Entgeltzuschläge.

> „Man hat ja immer Leute, bei denen man anrufen kann und die dann auch kommen. Andere gehen gleich gar nicht ans Telefon, wenn sie die Nummer sehen. Wiederum andere rufen aber zurück, um nach dem Grund des Anrufs zu fragen und da muss man auch was anbieten, z. B. eine Alternative, wann der „Springer" stattdessen zeitnah frei machen kann." (Führungskraft Pflege)

Die Anordnung zusätzlicher Arbeit an planmäßig arbeitsfreien Tagen bleibt im betrieblichen Alltag ein heikler Punkt. In den Tarifverträgen ist „Einspringen im Frei" nicht vorgesehen. Es gibt daher auch keine Pflicht für die Beschäftigten, an einem dienstfreien Tag auf einen Anruf hin die Arbeit aufzunehmen. Je dünner die Personaldecke, desto schwieriger ist es allerdings, die benötigte Schichtbesetzung aufrechtzuerhalten. Dies erhöht den Druck auf die Beschäftigten, aus dem Frei einspringen zu müssen. Viele Beschäftigte befinden sich somit in Rollenkonflikten: Einerseits ist ihnen daran gelegen, sich dem Team gegenüber loyal, verantwortungsbewusst und sozial zu verhalten, andererseits kann mit dem kurzfristigen Einspringen die soziale und familiäre Teilhabe und damit die Work-Life-Balance massiv gestört werden.

Verbleib in Schichtarbeit

Trotz der beschriebenen hohen Arbeitsanforderungen verbleiben viele Beschäftigte von KLINIK langfristig im Schichtdienst. Atteste zu zeitlichen Einsatzbeschränkungen werden kaum oder nur temporär ausgestellt; auch liegen Versetzungsanträge in Bereiche mit Tagesdienst nur in geringer Zahl vor. Einige Beschäftigte berichten von Individuallösungen für belastete Mitarbeiterinnen und Mitarbeiter, bspw. eine Reduktion von Nachtschichten pro Monat. Auch Teilzeitbeschäftigung mit längeren Regenerationsblöcken und ebenfalls weniger Nachtdiensten wirkt einer Belastungskumulation entgegen.

Aufgrund des im Vergleich zu anderen Branchen geringeren Entgeltniveaus nehmen viele Mitarbeiter trotz vorliegender Belastungen wegen der Nachtzuschläge jedoch Nachtdienste in Kauf. Außerdem liegen kaum alternative Einsatzmöglichkeiten vor. Fachpflegekräfte für Intensivpflege und Anästhesie könnten ggf. in den Anästhesiebereich wechseln, der jedoch nicht beliebig viele neue Mitarbeiter aufnehmen kann. Ansonsten sind die Wechselmöglichkeiten aufgrund der hohen Spezialisierung der einzelnen Stationen sehr beschränkt.

Fazit

KLINIK steht für ein Akutkrankenhaus, welches bestrebt ist, sich mit flexiblen Angeboten zur Arbeitszeitgestaltung sowie zur Vereinbarkeit von Familie und Beruf als attraktiver Arbeitgeber zu positionieren. Bezüglich der Personal- und Beschäftigtenstruktur weist KLINIK im Vergleich zu Industriebetrieben eine branchen- und gendertypisch hohe Anzahl an Teilzeitbeschäftigten auf. Bei KLINIK bestehen unterschiedliche Arbeitszeitmodelle, wobei das Dreischichtsystem im Pflegebereich dominiert. Die Erfahrungen mit Schichtarbeit entsprechen weitestgehend den typischen Arbeits- und Gesundheitsbelastungen in der Pflege, die durch das zum Teil häufige Einspringen aus dem Frei verstärkt werden: Neben körperlichen und psychischen Beschwerden sind auch die sozialen Folgen unregelmäßiger und dem gesellschaftlichen Leben entgegenwirkender Dienstzeiten zu nennen.

Dennoch hebt sich KLINIK in der Krankenhauslandschaft mit seinen flexiblen, lebensphasenorientierten Angeboten der Arbeitszeitgestaltung, u. a. zugunsten einer Belastungsreduzierung, positiv hervor. Diese finden ihren Ausdruck in der Dienstplangestaltung in Eigenverantwortung, in der Wahlarbeitszeit und in Wunschbüchern. Mit diesen Instrumenten wird ein Weg der beteiligungsorientierten Schichtplangestaltung beschritten, welcher in den industriellen Fallunternehmen bisher kaum erprobt wurde.

Fallstudie METALL: Hochtechnisiertes Schichtunternehmen auf Expansionskurs

Das familiengeführte Unternehmen METALL mit Firmensitz in Nordrhein-Westfalen gehört zur Metall- und Elektrobranche. Das Unternehmen ist mit mehr als 30 Vertriebs- und Produktionsstandorten international aufgestellt.

Unternehmensprofil

Die Fertigungsstandorte des Unternehmens konzentrieren sich innerhalb Deutschlands räumlich auf zwei Regionen. Die meisten Betriebsstätten sind historisch gewachsen und um den Firmensitz in Nordrhein-Westfalen angesiedelt, der größte Fertigungsstandort liegt in Ostdeutschland. Einbezogen in die empirischen Erhebungen waren das westdeutsche Stammwerk mit ca. 300 Beschäftigen und das Werk in Ostdeutschland mit rund 550 Beschäftigten.

Das Unternehmen gehört dem Verband Gesamtmetall an und ist tarifgebunden. Die betriebliche Mitbestimmung hat eine lange Tradition, der gewerkschaftliche Organisationsgrad ist hoch. In Verhandlungen über Haustarifverträge oder Betriebsvereinbarungen ist neben dem Betriebsrat üblicherweise auch die IG Metall eingebunden. Die Betriebsratsstrukturen orientieren sich an der Unternehmensstruktur, d. h., es gibt einen Betriebsrat am jeweiligen Standort, einen Gesamtbetriebsrat und einen Konzernbetriebsrat.

Das Unternehmen ist ein Hersteller von spezialisierter Verbindungstechnik, die von gewerblichen Kunden aus Industrie und Handwerk nachgefragt wird. Es bietet Verbindungstechnik für die Verschraubung in unterschiedlichen Materialen wie Aluminium, Stahl, Kunststoff oder Dämmstoffen. Die Stärke von METALL liegt darin, innovative Verschraubungen auch für neuartige Werkstoffe oder Schrauben in einem neuen Materialmix herzustellen. METALL entwickelt und produziert hochwertige Schrauben v. a. für die Bau-, Energie- und Automobilwirtschaft, die zumeist sicherheitsrelevante Bauteile fest verbinden und deshalb hohen Qualitäts- und Belastungsansprüchen genügen müssen. Insofern produziert das Unternehmen als Serienfertiger qualitativ hochwertige Spezialteile, mit denen es sich von den Konkurrenten absetzt. Mit dieser auf Innovation ausgerichteten Produktstrategie ist es dem Unternehmen bislang erfolgreich gelungen, sich dem globalen Kosten- und Preiswettbewerb zu entziehen.

Personal- und Altersstruktur

Die Unternehmensgruppe beschäftigt weltweit rund 3.000 Mitarbeiter, davon 2.600 in Deutschland. Die meisten Mitarbeiter sind in den direkten Bereichen tätig, drei von vier gewerblichen Mitarbeitern sind im Schichtbetrieb eingesetzt. Im Schichtbetrieb gibt es keine Beschäftigten, die in Teilzeit tätig sind. Die Fertigungsbereiche sind auch bei METALL typische Männerdomänen, während in den kaufmännischen und Verwaltungsabteilungen des Unternehmens viele Frauen beschäftigt sind.

Die Unternehmensbindung der Mitarbeiter ist hoch, was sich in geringen Fluktuationsraten und in langer Betriebszugehörigkeit manifestiert. Oftmals kehren ehemalige Mitarbeiter nach Zwischenstopps bei anderen Arbeitgebern wieder ins Unternehmen zurück. METALL hat an den Standorten zudem den Ruf eines attraktiven Arbeitgebers, was die Besetzung von Arbeitsplätzen in der Fertigung erleichtert und zur langfristigen Mitarbeiterbindung beiträgt.

Der gesellschaftliche Alterungsprozess spiegelt sich auch in der Alterszusammensetzung der Gesamtbelegschaft wider. Der Altersdurchschnitt bei METALL liegt gegenwärtig bei 41,7 Jahren. Jeder dritte Mitarbeiter gehört zur Altersgruppe 50plus, etwa ein Fünftel ist 55 Jahre oder älter. Eine differenzierte Altersstrukturanalyse der Beschäftigten in den Fertigungs- und fertigungsnahen Bereichen zeigt jedoch, dass der Alterungsprozess keineswegs synchron verläuft, sondern je nach Standort bzw. Fertigungsbereich in unterschiedlicher Geschwindigkeit. Der Altersdurchschnitt aller gewerblichen Mitarbeiter liegt aktuell bei 43,2 Jahren und damit um 1,5 Jahre über dem der Gesamtbelegschaft.

Der Alterungsprozess der Mitarbeiter, die in Wechsel-/Nachtschicht arbeiten, ist bei einem Durchschnittsalter von 42,7 Jahren bereits weiter fortgeschritten als in der Gesamtbelegschaft. Jeder dritte Schichtarbeiter hat bereits das 50. Lebensjahr überschritten. Bis zum Jahr 2024 werden rund 16 % der Schichtarbeiter aus Altersgründen das Unternehmen verlassen haben.

Abbildung 8: Altersstruktur der Mitarbeiter im Schichtbetrieb in METALL 2016

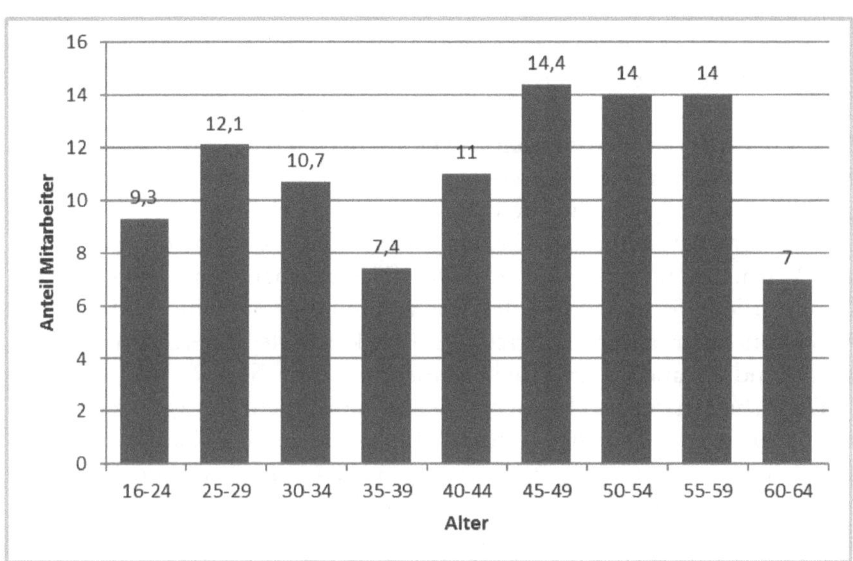

Der „Altersteilzeittarifvertrag“ der Metall- und Elektroindustrie (TV FlexÜ) bietet älteren Schichtarbeitern auch bei METALL einen flexiblen Übergang in die Rente, entweder in Form des Blockmodells oder in Form eines gleitenden Altersübergangs. Laut Tarifvertrag können bis zu 4 % der Beschäftigten gleichzeitig Altersteilzeit beanspruchen. Diese Quote wird im Stammwerk nicht ausgeschöpft, während im ostdeutschen Werk die Zahl der Interessenten regelmäßig höher ist als das verfügbare Kontingent. Bis 2013 hatten Mitarbeiter im Alter ab 58 Jahren und nach langjähriger Arbeit im Dreischichtbetrieb noch die Möglichkeit, sich ohne Angabe von Gründen dauerhaft von Nachtarbeit freistellen zu lassen, was auch rege genutzt wurde. Dieses Angebot musste zurückgezogen werden, weil inzwischen immer mehr Schichtarbeiter in diese Altersgruppe aufgerückt sind und bei einer zunehmenden Zahl an Freistellungen ein regulärer Dreischichtbetrieb nicht mehr aufrecht zu erhalten gewesen ist.

Ältere Mitarbeiter resp. Schichtarbeiter haben zudem ab dem vollendeten 54. Lebensjahr Anspruch auf Verdienstsicherung gemäß dem Entgelt-Rahmentarifvertrag der Metallindustrie. Diese Regelung schützt vor Verdiensteinbußen, wenn Mitarbeiter aufgrund des Alters oder gesundheitlicher Beschwerden nicht mehr entsprechend ihrer Qualifikation und ihrer Entgeltgruppe eingesetzt werden können.

Arbeitssituation und Arbeitsbedingungen im Schichtbetrieb

Arbeitsorganisation und Arbeitsanforderungen

Die Fertigungsprozesse sind in verschiedene Fertigungsstufen und je nach Komplexität des Produkts in mehrere Fertigungsdurchgänge unterteilt. Die Schrauben werden zunächst gepresst und anschließend gewalzt und mit Gewinden versehen, zwischen diesen Arbeitsschritten erfolgen wiederholt Waschdurchgänge, um feine Metallreste, Späne und Ölspuren zu beseitigen. Im Anschluss an die Fertigungsprozesse werden die Schrauben zur Wärmebehandlung und zur Oberflächenbehandlung weitergeleitet, ehe sämtliche Schrauben in der Sortierabteilung mit Hilfe bildgebender Verfahren einer automatisierten Qualitätskontrolle unterzogen und anschließend versandfertig verpackt werden.

Die Arbeit in der mechanischen Fertigung ist nicht mit getakteter Montagearbeit wie z. B. in der Automobilindustrie vergleichbar. In der Fertigung dreht sich alles um die Anlagen und Maschinen, mit denen produziert wird. Das Herzstück der Arbeit und der zentrale Arbeitsplatz ist die Maschine, die bedient, mit Rohmaterial bestückt oder befüllt, die für neue Aufträge häufig umgebaut bzw. gerüstet werden muss. Obwohl es feste Schichtgruppen gibt, ist die Arbeit nicht in Form von Gruppenarbeit organisiert.

Vielmehr betreut ein Mitarbeiter eine Maschinengruppe mit mehreren Maschinen (Mehrmaschinenbedienung) vollumfänglich und eigenverantwortlich. Zu den Anlagen bzw. Maschinen gehören (Groß-)Pressen, Walzen oder Kombimaschinen, wobei letztere in einem Durchgang zwei Arbeitsvorgänge im Herstellungsprozess der Schrauben erledigen können. Bei den Kombimaschinen entfallen Zwischenschritte im Bearbeitungsprozess, was kostengünstiger und produktiver ist. Bei jedem Produkt- und Auftragswechsel muss die Maschine umgebaut und mit anderen Werkzeugen bestückt werden. Die Rüstzeiten können je nach Maschinentyp mehrere Stunden dauern. Die Arbeitsumfänge sind in den letzten Jahren immer größer geworden. Dazu gehören insbesondere das An-/Abmelden von Aufträgen, zunehmende Dokumentationspflichten im Rahmen der Qualitätskontrolle, Draht bestellen und zur Maschine fahren, Draht in die Maschine einspannen, Schrottbehälter entfernen, Gutteilkisten zur nächsten Bearbeitungsstation befördern sowie regelmäßige Messungen im Rahmen der Qualitätskontrolle.

Mehrmaschinenbedienung bedeutet in der Praxis, dass Mitarbeiter in der Regel drei bis fünf Maschinen gleichzeitig betreuen – abhängig von der jeweiligen Personalbemessung – und zudem Prozesssicherheit herstellen müssen. Prozesssicherheit und Qualitätsmanagement sind zentrale Anforderungen der Kunden und Grundlage von ISO-Zertifizierungen und regelmäßigen Kunden-Audits, ohne die das Unternehmen keine Aufträge aus der Industrie bekommen würde. Daraus resultieren auch die zunehmenden Dokumentationspflichten der Mitarbeiter.

Es bedarf komplexer und langwieriger Einarbeitungsprozesse, um diese Maschinen so zu beherrschen, dass die produzierten Schrauben den Qualitätsvorgaben der Kunden entsprechen. Für die Anlernzeit wird in der Regel ein halbes Jahr veranschlagt, allerdings vergehen Jahre, bis man alle „Tricks und Kniffe" kennt, bis man Schäden hören, die Güte des Drahts beurteilen und mögliche Risiken im Fertigungsprozess antizipieren kann. Erfahrungswissen ist essentiell, um ein optimales Laufen der Maschinen garantieren zu können.

> „Dann haben wir natürlich schon die Cracks, die hier 20, 30 Jahre im Unternehmen sind. Die können die vierte, fünfte Maschine, je nachdem, wenn es gut läuft, auch mal die sechste Maschine gleichen Typs mitlaufen lassen. Und da kommt immer noch Qualität raus. […] Da spielt sehr viel Erfahrung eine große Rolle. […] Das ist etwas, was sich im Laufe des Arbeitslebens entwickeln muss, wie man da vorgehen muss. Da muss man so eine Art Feeling und auch ein Händchen dafür entwickeln, auch wie man bei Störungen vorgeht. Da ist sehr viel Fingerspitzengefühl erforderlich." (Führungskraft Fertigungsbereich Stammwerk)

Nur mit Mitarbeitern, die aufgrund langjähriger Arbeit an diesen Maschinen über entsprechendes Erfahrungswissen verfügen, lässt sich der Arbeitsumfang derart erweitern, dass mehrere Maschinen gleichzeitig bedient werden können. Diese Praxis des langjährigen Arbeitseinsatzes an einer Maschinengruppe förderte das „Spezialistentum" und war hochfunktional, solange in großer Serie und kleiner Variantenbreite der Schrauben gefertigt wurde.

Dieses „Spezialistentum" wird jetzt zum Problem, weil durch die Innovationsdynamik das Produktspektrum wesentlich breiter wird und sich die Logiken der Auftragsbearbeitung geändert haben. Früher wurden erst alle Aufträge für einen Schraubentyp hintereinander abgearbeitet, bevor die Maschine für einen neuen Auftrag umgebaut wurde. Dadurch wurden die Rüst- und Stillstandzeiten auf das Notwendige beschränkt und eine hohe Stückzahl erreicht. Mit dem Wechsel zur auftragsorientierten Fertigung werden heute die Aufträge in der Reihenfolge der Terminvorgaben der

Kunden abgearbeitet. Für die Kooperation mit der Automobilindustrie heißt das, dass die Schrauben „just-in-time" gefertigt und ausgeliefert werden müssen. Das hat zur Folge, dass wesentlich häufiger Rüst- und Umbauarbeiten anfallen als in der Vergangenheit. Der Arbeits- und Zeitdruck bei den Mitarbeitern nimmt zwangsläufig zu, weil trotz häufigerer Stillstandzeiten die gleiche Produktivität erwartet wird.

Für die auftragsbezogene Fertigung hätte man heute gerne statt des „Spezialisten" den „Allrounder" oder „spezialisierten Generalisten", der über Maschinengruppen hinweg flexibel einsetzbar wäre und sowohl Pressen als auch Walzen oder verschiedene Pressen- bzw. Walzentypen bedienen könnte. Nach wie vor herrscht Ratlosigkeit, wie diese Qualifizierung erfolgen soll und kann, und ob sie sogar über Abteilungsgrenzen hinausgehen kann, was den Betrieb richtig flexibel machen würde. Die grundsätzliche Frage, die damit aufgeworfen wird, ist ebenfalls noch unbeantwortet: Gewinnen wir Flexibilität auf Kosten der Qualität? Angesichts der knappen Personalbemessung, bei der Mehrarbeit bereits einkalkuliert zu sein scheint, bleibt offen, ob und zu welchem Zeitpunkt überhaupt genügend Spielräume vorhanden sind, um Mitarbeiter im Schichtbetrieb für Qualifizierungsmaßnahmen freizustellen.

Gleichwohl sind erste Schritte eingeleitet worden, um Mitarbeiter arbeitsplatznah zu qualifizieren. An zwei Standorten wurden in der Fertigung zwischenzeitlich Lerninseln zur internen Qualifizierung und zur Ausbildung eingerichtet. Statt wie früher unmittelbar im Arbeitsprozess werden die Mitarbeiter heute an für Schulungszwecke bereitgestellten Walzen und Pressen qualifiziert – meist über eine Dauer von ein bis zwei Jahren. Erfahrene ältere Facharbeiter führen diese praxisbezogenen Schulungen durch und können dadurch ihre Expertise und ihr Erfahrungswissen unmittelbar weitergeben. Für sie bietet die Schulungstätigkeit zudem die Möglichkeit, aus dem regulären Arbeitsprozess und aus der langjährigen Schicht-/Nachtarbeit auszusteigen und zugleich eine neue anspruchsvolle Tätigkeit zu übernehmen.

Die Vorteile einer höheren Einsatzflexibilität im Schichtbetrieb liegen u. a. darin, dass die Schichtplanung der Schichtverantwortlichen bei Personalausfällen infolge von Erkrankungen oder bei (Nacht-)Schichtbefreiung erleichtert wird. Auch die durch die Personalausfälle ausgedünnten Schichtteams könnten durch flexiblere Personaleinsätze wie z. B. durch „Springer" entlastet werden.

(Branchen-)Typische Belastungen in der Fertigung

Der technische Arbeitsschutz spielt im Unternehmen traditionell eine große Rolle, um die Belastungsarten, die in der metallverarbeitenden Industrie typischerweise auftreten, zu minimieren. In den letzten Jahren wurden zahlreiche Anstrengungen unternommen, um durch ergonomische und technische Maßnahmen zum Abbau von arbeitsplatzbezogenen Belastungen und Umgebungsbelastungen beizutragen, u. a. durch Einführung von automatischen Zufuhreinrichtungen, Hebekränen, Hubwagen und technischen Hebehilfen.

Dadurch ist es gelungen, den Anteil der physisch schweren Arbeitstätigkeiten deutlich zurückzudrängen. Nichtsdestotrotz gibt es weiterhin zahlreiche Belastungsfaktoren, denen die Beschäftigten ausgesetzt sind, auch weil technische Lösungen hier an ihre Grenzen stoßen. Dazu ein Beispiel: Trotz zahlreicher Maßnahmen zur Lärmdämmung liegt der Lärmpegel in der Fertigung über 85 Dezibel, so dass ein Gehörschutz zwingend vorgeschrieben ist, um Hörschäden zu vermeiden.

Bei älteren Maschinen sind die Rüstvorgänge meist unergonomisch, sie erzwingen gebückte und überstreckte Haltungen. Durch die Mehrmaschinenbedienung legen Mitarbeiter eigenen Messungen zufolge während ihrer Schicht oftmals eine Laufstrecke zwischen 8 und 12 Kilometern auf Betonboden zurück.

Belastende Arbeitsumgebungsbedingungen sind Dauerlärm (Gehörschutzpflicht), Öldämpfe, Gefahrenstoffe, Platzenge, Vibrationen und in einigen Bereichen wie in der Oberflächenbehandlung auch Hitze und Zugluft. Das ständige Stehen und Gehen auf dem Betonboden belastet den Muskel-Skelettapparat trotz kostenloser Bereitstellung von speziell gepolsterten Sicherheitsschuhen. Spezielle Dämpfungsmatten können aufgrund der räumlichen Enge und wegen der Arbeitssicherheit nur begrenzt eingesetzt werden.

In den Interviews mit den Beschäftigten kristallisiert sich ein Belastungspanorama heraus, das nicht aus besonders kritischen Belastungsfaktoren resultiert, sondern das Resultat einer problematischen Gesamtbelastung und einer langjährigen Belastungsbiografie ist. Die körperlichen Anforderungen und Belastungen liegen (meist) im Normalbereich, aber die vergleichsweise hohen Leistungsanforderungen, die zunehmende Anzahl an Maschinen, die ein einzelner Mitarbeiter betreuen muss und die Verkoppelung von Schicht- und Mehrarbeit können sich negativ auf die Arbeits- und Leistungsfähigkeit auswirken. Viele Befragte fühlen sich zunehmend gestresst aufgrund der stetig wachsenden Arbeitsumfänge und des hohen

Termin- und Leistungsdrucks, was auch auf die knappe Personaldecke zurückgeführt wird. Je länger die Belastungsexposition im Erwerbsverlauf dauert, desto schwieriger und anstrengender wird es – gerade auch für ältere Schichtarbeiter – den stetig wachsenden Anforderungen gerecht zu werden.

Organisationale Ressourcen der Arbeit

Die subjektiv wahrgenommene Arbeitssituation wird beeinflusst durch die arbeitsbezogenen und arbeitsbedingten Belastungen <u>und</u> durch die organisationalen, sozialen und individuellen Ressourcen, auf die Mitarbeiter zurückgreifen können. Aus der Belastungs-/Beanspruchungsforschung ist bekannt, dass Wechselwirkungen zwischen (objektiven) Belastungen und subjektiven Beanspruchungen bestehen, die durch die verfügbaren bzw. bereitgestellten Ressourcen abgepuffert werden können (Fuchs 2006). Aus Sicht von Beschäftigten spielen v. a. die organisationalen und die sozialen Ressourcen eine zentrale Rolle dafür, wie die Arbeitsqualität und Arbeitssituation erlebt werden. Positive Bewertungen resultieren aus unterstützenden sozialen Beziehungen, durch Beteiligung und Einbindung, durch Entwicklungsmöglichkeiten sowie durch Gestaltungs-/Handlungsspielräume und Abwechslung in der Arbeitsausführung.

Zu den Ressourcen der Arbeit bei METALL gehören nach Einschätzung der befragten Arbeitnehmer ebenfalls abwechslungsreiche, vielseitige und relativ anspruchsvolle Tätigkeiten, relativ große Freiheitsgrade in der Arbeitsausführung, selbstbestimmte (mit Kollegen abgestimmte) Pausenwahl sowie ein gutes Kollegenverhältnis.

> „Ich mache heute noch drei Kreuze, dass ich zu METALL gegangen bin. Ich bin völlig begeistert von dem Job, er macht mir Spaß, die Kollegen sind super". (Maschineneinrichter Stammwerk)

Positiv bewerten die Befragten METALL auch als Arbeitgeber. Geschätzt werden v. a. die langfristigen Beschäftigungsverhältnisse, die Tarifbindung, die guten Verdienstmöglichkeiten, die Sozialleistungen und die gute wirtschaftliche Situation des Unternehmens. Positiv vermerkt wird zudem, dass METALL seiner sozialen Verantwortung als Arbeitgeber nachkommt. In den Interviews werden zahlreiche Beispiele aufgeführt, wie individuelle Lösungen für Mitarbeiter mit Leistungs- und Einsatzbeschränkungen oder in persönlichen Krisensituationen gefunden werden konnten. Nicht selten haben befragte Mitarbeiter davon auch unmittelbar profitiert.

Verbesserungsbedarfe sehen diverse Befragte in der Qualität der sozialen Beziehungen zwischen operativem Management und Belegschaft. Viele Mitarbeiter wünschen sich von den Führungskräften mehr Anerkennung und Wertschätzung für ihr eigenes Engagement und ihre Leistungs-/ Einsatzbereitschaft.

Schichtarbeit im Unternehmen

Schichtarbeit auf dem Vormarsch

Im Unternehmen gibt es zahlreiche Arbeitszeitmodelle, die durch Betriebsvereinbarungen geregelt und über Gleitzeit-, Jahresarbeitszeitkonten und Langzeitkonten gesteuert werden. In den Angestelltenbereichen haben sich je nach Fachbereich entweder Gleitzeitmodelle oder Vertrauensarbeitszeit etabliert. In den Fertigungsbereichen und fertigungsnahen Bereichen gibt es diverse Arbeitszeit- und Schichtarbeitsmodelle, die sich hinsichtlich der Dauer, Lage und Verteilung der Arbeitszeiten entweder nur in Varianten oder deutlich voneinander unterscheiden. Darüber hinaus gibt es individuelle Arbeitszeitlösungen für Beschäftigte, die aus familiären oder gesundheitlichen Gründen nicht im regulären Dreischichtbetrieb arbeiten können.

Bei der Gestaltung der Schichtmodelle im Unternehmen ist eine Besonderheit zu berücksichtigen: Die ost- und westdeutschen Standorte unterliegen den jeweiligen Tarifbestimmungen ihrer Tarifbezirke und damit auch der tariflich festgelegten Arbeitszeit. In Ostdeutschland konnte die IG Metall ihre Forderung nach Einführung der 35-Stundenwoche nicht durchsetzen. Das hat zur Folge, dass für die Mitarbeiter im ostdeutschen Werk die tariflich festgelegte 38-Stundenwoche gilt, für die Mitarbeiter im westdeutschen Stammwerk hingegen die 35-Stundenwoche. Die damit einhergehenden Implikationen und Arbeitszeitkonflikte werden an späterer Stelle ausführlich beschrieben.

In der Industrie hat Schichtarbeit eine lange Tradition. Der Anteil der Beschäftigten in den direkten Bereichen, die zu atypischen Zeiten arbeiten, wächst stetig. Auch bei METALL kann man im Rückblick beobachten, wie sich der Dreischichtbetrieb zum dominanten Arbeitszeitmodell in den Fertigungsbereichen entwickelt hat. Heute ist der überwiegende Teil der Fertigungsmitarbeiter im klassischen Dreischichtbetrieb eingesetzt. Die nächste Phase hin zum Vollkontibetrieb mit 168 Stunden Betriebszeit (24x7) wird in der Fertigung derzeit eingeläutet. In mehreren Abteilungen, die dem eigentlichen Fertigungsprozess nachgelagert sind, wurden bereits Vollkontischichtsysteme eingeführt, die als Referenzmodelle für die Fertigung dienen.

Lediglich kleinere Fertigungsabteilungen mit Sonderaufgaben, bspw. zur Durchführung spezieller Nachbearbeitungsschritte, sowie fertigungsnahe Dienstleistungsabteilungen (Werkzeugbau, Logistik, Instandhaltung, Versand, Qualitätskontrolle etc.) arbeiten (noch) im Zweischichtbetrieb. Allerdings nimmt der Druck zu, auch in diesen Arbeitsbereichen die Arbeitszeiten an die Betriebszeiten der Fertigung anzugleichen und reguläre Nachtschichten einzuführen, damit längere Maschinenausfälle und Produktionsstillstände in der Fertigung vermieden werden können. In mehreren fertigungsnahen Bereichen wie der Instandhaltung wurde deshalb bereits das klassische Dreischichtsystem eingeführt.

Im Folgenden werden zwei Schichtsysteme näher vorgestellt. Dabei handelt es sich zum einen um das in den Fertigungsbereichen dominierende klassische Dreischichtsystem, zum anderen um eine Variante mit kurzen Nachtschichtblöcken, die in einigen Fertigungsabteilungen praktiziert wird und die den Empfehlungen eines alternsgerechten Schichtmodells nahekommt.

Klassisches Dreischichtsystem (3 Schichtgruppen, 15 Schichten)

Dieses Schichtsystem hat bei METALL eine lange Tradition und wird in den mechanischen Fertigungsbereichen sowohl in den westdeutschen Standorten als auch im ostdeutschen Werk am häufigsten praktiziert.

In dem Dreischichtsystem sind die Werktage von Montag bis Freitag Regelarbeitszeit, die Früh-/Spät- und Nachtschichten wechseln im Wochenrhythmus und rotieren – auf Wunsch von Beschäftigten und Betriebsrat – überwiegend im Rückwärtswechsel (N-S-F). Drei Schichtgruppen in 15 Schichten mit jeweils achtstündiger Arbeitszeit (inklusive bezahlter Pause) decken die Betriebszeit von 120 Stunden (westdeutsche Werke) resp. 114 Stunden (ostdeutsches Werk) ab. In diesem teilkontinuierlichen Schichtsystem sind Wochenenden und Feiertage generell arbeitsfrei. Das Modell mit 15 Schichten bietet Flexibilitätsspielräume zur Ausweitung der Betriebszeiten. Je nach Auftragslage können Zusatzschichten am Samstag und/oder eine sechste Nachtschicht eingebracht werden, je nach Standortbetriebsvereinbarung entweder auf freiwilliger Basis (Stammwerk) oder jeweils mit Genehmigung des Betriebsrates (ostdeutsches Werk).

„Wenn schon im Dreischichtsystem gearbeitet werden muss, dann bitte in diesem klassischen Modell", das ist die vorherrschende Meinung der betroffenen Mitarbeiter. Auf der Positivseite verbuchen sie verlässliche und vorhersehbare Schichtpläne, das arbeitsfreie Wochenende und die wöchentlichen Schichtwechsel. Die subjektive Einschätzung zu Schichtmodellen mit schnellen Schichtrotationen und kurzen Schichtwechseln, die arbeitswissenschaftlichen Empfehlungen entsprechen, ist bei den Befragten durchweg negativ bis strikt ablehnend. Teilweile hatten Mitarbeiter bereits bei früheren Arbeitgebern in solchen kurzzyklischen Schichtmodellen gearbeitet und konnten sich damit überhaupt nicht arrangieren, weshalb sie damals den Betrieb verlassen hätten und zu METALL gegangen seien.

Klassisches Dreischichtsystem mit „geteilter" Nachtschicht (4 Schichtgruppen, 17 Schichten)

In einigen Fertigungsbereichen im Stammwerk haben sich teilkontinuierliche Schichtmodelle mit vier Schichtgruppen etabliert, in denen die Arbeitszeit in der Nachtschichtwoche auf zwei Schichtgruppen aufgeteilt wird, so dass die Mitarbeiter statt der üblichen fünf Nachtschichten in der Woche lediglich drei Nachtschichten in Folge arbeiten und jeweils vorher oder nachher einen längeren Freizeitblock haben. Die Früh- und Spätschichten wechseln wie üblich wochenweise. Ein Nachteil des Schichtmodells sind die sechs Frühschichtfolgen von Montag bis Samstag in der Frühschichtwoche, die notwendig sind, um die Sollarbeitszeit von 35 Wochenstunden zu erreichen. Dieses Modell mit „geteilten Nachtschichten" wurde vor Jahren aufgrund von Personalüberhängen eingeführt. Dadurch konnte man auch die für die Schichtplanung benötigten vier Schichtgruppen mit 17 Schichten einrichten. Die Wochenarbeitszeit ist deckungsgleich mit der tariflichen 35-Stundenwoche, während alle anderen Dreischichtsysteme in den westdeutschen Werken auf eine 40-Stundenwoche ausgelegt sind. Dieses Schichtmodell mit geteilten Nachtschichten ist allerdings relativ starr und bietet den Mitarbeitern kaum Möglichkeiten für Überstunden, um Plusstunden im Arbeitszeitkonto aufzubauen.

Unter den Mitarbeitern hat das Schichtmodell Fürsprecher und Kritiker gleichermaßen. Diejenigen mit positiver Bewertung schätzen die kurzen Nachtschichtfolgen, die von längeren Freizeitblöcken eingerahmt werden, da sie als weniger belastend erlebt werden und eine längere Regenerationsphase ermöglichen. Es sind v. a. ältere Mitarbeiter, die dieses Modell gerne beibehalten möchten und ein geringeres Interesse an freiwilligen Zusatzschichten bzw. finanziellen Zuschlägen haben. Die meist jüngeren Kritiker monieren, dass sie jede zweite Woche drei Nachtschichten ableisten müssen. Die Hauptkritik entzündet sich jedoch daran, dass das 17-Schichten-Modell sehr starr ist und freiwillige Zusatzschichten kaum zulässt, was den Aufbau von Plusstunden im Arbeitszeitkonto (u. a. für die betriebliche Altersvorsorge) oder zusätzliche Verdienstmöglichkeiten erheblich erschwert.

Arbeitszeitpolitik und Arbeitszeitdiskurse im Kontext der Schichtarbeit

Die Arbeitszeitpolitik im Unternehmen wird beeinflusst durch unterschiedliche Interessen, betriebliche Anforderungen, ökonomische Zielsetzungen und die Aushandlungsprozesse zwischen Arbeitgeber und Betriebsrat im Rahmen der Mitbestimmung. Auf einer eher latenten bzw. unterschwelligen Ebene finden weitere Diskurse über die Arbeitszeit statt, die Einfluss auf Deutungs- und Handlungsmuster gewinnen und die auch die Einstellungen der Mitarbeiter zur Schicht- und Mehrarbeit beeinflussen. Deshalb sollen sie detaillierter beschrieben und betrachtet werden.

Koppelung von Mehrarbeit und Schichtarbeit mit betrieblicher Altersvorsorge

Die Anpassung an die tarifliche Arbeitszeit von 38 Wochenstunden im Dreischichtsystem erfolgt im ostdeutschen Werk dadurch, dass am Freitag die Achtstundenschichten auf sechs Stunden verkürzt werden, so dass die Nachtschicht bereits um 23.00 Uhr am gleichen Tag endet. In den Fertigungsstätten im westdeutschen Stammwerk wiederum sind die Schichtpläne im klassischen Dreischichtsystem nicht auf die tarifliche Wochenarbeitszeit von 35 Stunden ausgelegt, sondern auf eine 40-Stundenwoche. Demzufolge hat auch der einzelne Mitarbeiter in diesem Schichtmodell keine Wahlmöglichkeit, ob er 35 oder 40 Wochenstunden arbeiten möchte. Die wöchentliche Mehrarbeit von fünf Stunden ist bereits in das Schichtsystem integriert und wird einem Arbeitszeitkonto gutgeschrieben. Generell haben Mitarbeiter die Möglichkeit, die Plus-Stunden für einen Freizeitausgleich oder für den Aufbau ihrer Altersvorsorge zu nutzen. Eine Auszahlung der Überstunden ist zwar auf Antrag möglich, wird aber eher selten genutzt.

Der Anreiz für die Beschäftigten, sich auf dieses Arbeitszeitregime mit struktureller Mehrarbeit einzulassen, liegt in der Verknüpfung von Mehrarbeit und betrieblicher Altersvorsorge. Mit der IG Metall hatte das Unternehmen schon vor über einem Jahrzehnt einen entsprechenden Haustarif zur betrieblichen Altersvorsorge ausgehandelt und damit ein wirksames Instrument an die Hand bekommen, die tarifliche 35-Stundenwoche zu umgehen und zugleich die Kosten für Überstundenzuschläge einzusparen. Mit den hohen Stundenkontingenten, die über die reguläre Mehrarbeit im Jahresverlauf im Arbeitszeitkonto auflaufen, gewähren die Arbeitnehmer dem Unternehmen de facto einen kostenlosen Kredit, da die Arbeitsleistung bereits erbracht, aber nicht vergütet worden ist. Zwar dient das Arbeitszeitkonto auch als Puffer für Auftragsschwankungen, allerdings ist es auch ein Instrument, um die strukturelle Personalunterdeckung (Soll-Stärke) durch Überstunden abpuffern zu können.

> „Wir haben die ganzen Systeme so ausgelegt, dass wir schon eine Personalunterdeckung haben. Und deshalb ist unsere Philosophie ein bisschen anders als bspw. in einem Stahlwerk. Wir planen auch mit den Überstunden. Die Überstunden tun mir nicht weh, denn sie stellen 12,5 % oder 15 % dar, das sind ja unter dem Strich auch Mehrkosten, die wir ins Stundenkonto reinpacken. Dann brauche ich keinen Überstundenzuschlag, das ist der Vorteil für den Betrieb." (Standortmanager Stammwerk)

Wie im Zitat deutlich wird, sind die Überstunden bereits bei der (Netto-)Personalberechnung einkalkuliert. Dieses Modell kann aber nur funktionieren, wenn die Mitarbeiter die Stunden auf dem Arbeitszeitkonto nicht in gleichem Umfang in Freizeit umwandeln, andernfalls wäre eine Kapazitätsauslastung nicht mehr gewährleistet.

> „Die Mitarbeiter brauchen also, wenn sie da mitmachen wollen, Überstundenkontingente. Und wir wollen ja nicht, dass diese Überstundenkontingente – und das steckt letztlich hinter dem Programm – sofort in Freizeit umgewandelt werden. Dann haben die Leute nicht 30 Tage, sondern 60 Tage Urlaub. Und dann habe ich eine Lücke, die ich wieder mit mehr Personal auffüllen muss." (Holdingmanager)

Wer als Beschäftigter an dem Altersvorsorgeprogramm teilnehmen möchte, muss sich verpflichten, auf Anforderung mindestens fünf Jahre wöchentlich bis zu fünf Überstunden zu leisten. Es gibt allerdings kein Recht auf Überstunden. Als Anreiz bietet das Unternehmen den teilnehmenden Mitarbeitern eine individuelle Arbeitsplatzsicherung und jährliche Gratifikationsgutschreibungen in Abhängigkeit vom Unternehmensergebnis. Alle Mehrarbeitsstunden, die über einen Sockel von 50 Plusstunden auf dem Arbeitszeitkonto hinausgehen, können am Jahresende in das Langzeitkonto eingebracht werden, wobei diese entsprechend des individuellen Stundenlohns monetär umgerechnet und gutgeschrieben werden.

Im Stammwerk nutzt die Mehrzahl der gewerblichen Mitarbeiter das Programm. Dementsprechend groß ist das Interesse über alle Altersgruppen hinweg, möglichst viele Plusstunden im Arbeitszeitkonto sammeln und am Jahresende in die Altersvorsoge transferieren zu können. Konträr dazu gestaltet sich die Situation im ostdeutschen Werk. Dort ist es dem Unternehmen trotz zahlreicher Bemühungen bislang nicht gelungen, die gewerblichen Mitarbeiter zur Teilnahme an dem Programm zu motivieren, um auf diesem Wege ebenfalls die 40-Stundenwoche im Schichtbetrieb einzuführen.

Diese unterschiedlichen Rahmenbedingungen zur Gestaltung der Mehrarbeit in Ost und West wirken sich auf die Mitbestimmung aus. Im ostdeutschen Werk gibt es keine Rahmenvereinbarung zur Mehrarbeit wie für die Werke in Nordrhein-Westfalen, was dazu führt, dass die Werksleitung in allen Phasen mit anstehenden Überstunden diese jeweils vorab durch den Betriebsrat genehmigen lassen muss. Diese Verfahrensunterschiede haben auch Auswirkungen auf Mehrarbeit bei den Beschäftigten. Denn bei angeordneten Überstunden haben die ostdeutschen Mitarbeiter keine Wahlmöglichkeit, ob sie diese Zusatzschichten erbringen wollen oder nicht. In den westdeutschen Werken werden Zusatzschichten bzw. Überstunden, die über die Wochenarbeitszeit von 40 Stunden hinausgehen, prinzipiell freiwillig erbracht.

Der verborgene Gerechtigkeitsdiskurs in der Arbeitszeitpolitik

Im betrieblichen Arbeitszeitdiskurs spielen die tariflichen Unterschiede in der Wochenarbeitszeit eine wichtige Rolle – und zwar ausschließlich für die Beschäftigten im ostdeutschen Werk. Für viele Mitarbeiter ist es nach wie vor nur schwer zu akzeptieren, dass ihre westdeutschen Kollegen „kürzere Wochenarbeitszeiten mit vollem Lohnausgleich“ haben, sie aber für das gleiche Entgelt regulär drei Stunden länger arbeiten müssen.[5]

---

5 Hintergrund der unterschiedlichen tariflichen Regelungen ist die Tatsache, dass die IG Metall im Jahre 2003 die Forderung nach einer 35-Stundenwoche in den ostdeutschen Tarifgebieten nicht durchsetzen konnte.

Hinter dem latenten Unmut über die längere tarifliche Arbeitszeit steckt ein Metadiskurs, der sich um die Forderung nach Gleichbehandlung im Unternehmen dreht. Aus Sicht der ostdeutschen Mitarbeiter wäre eine Angleichung der Arbeitszeit an die 35-Stundenwoche der westdeutschen Kollegen ein längst fälliger Schritt, um faire und gerechte Bedingungen für alle Beschäftigten zu schaffen. Nicht zufällig bemühen einige Befragte im Diskurs die Metapher vom „Stiefkind", wenn sie über die Rolle des ostdeutschen Werks im Gesamtgefüge des Unternehmens reflektieren. Dieses kollektive Gefühl der Benachteiligung gegenüber den westdeutschen Kollegen überlagert latent den Diskurs um die Arbeitszeitpolitik und ist einer der Hauptgründe, warum es dem Management bislang nicht gelungen ist, im ostdeutschen Werk Schichtmodelle mit 40-Wochenstunden einzuführen.

Für das westdeutsche Management scheint dieser latente Widerstand der ostdeutschen Beschäftigten gegen eine Ausweitung der Wochenarbeitszeit v. a. aus Mentalitäts- und Kulturunterschieden zwischen Ost und West zu resultieren.

> „Wenn ich hier im Stammwerk einem Mitarbeiter die Möglichkeit gebe, Mehrarbeit zu generieren oder einen Hinzuverdienst zu generieren, dann macht er das. Ostdeutsche tun sich äußerst schwer, in ihren Freizeitbereich eingreifen zu lassen. Dort ist es deutlich schwieriger, Mehrarbeit zu generieren. Und die nehmen auch nicht – in keinstem Maße am Altersvorsorge-Programm teil, weil die sagen, was ich jetzt habe, habe ich. Ich kriege mein Geld und mache meine Arbeitszeit. Also man ist sehr stark freizeitorientiert, während ein NRW'ler sagt: Geld. Also Freizeit versus monetäre Anreize." (Holdingmanager)

Das ostdeutsche Werksmanagement wiederum kennt die jeweiligen Argumentationsmuster in der Holding und in der eigenen Belegschaft und kann die Widerstände gegen die Ausweitung der wöchentlichen Arbeitszeit zumindest nachvollziehen.

> „Im Stammwerk ist die Begehrlichkeit nach Geld aus Mehrarbeit größer als in Ostdeutschland, sonst gäbe es hier keine Probleme mit der freiwilligen Mehrarbeit. Zumindest wird von der Holding so argumentiert, dass die Westdeutschen bereitwilliger Mehrarbeit machen wollen. Tatsächlich ist aber jemand, der per Tarif nur 35 Wochenstunden arbeitet, nicht so hoch belastet wie jemand, der 38 Wochenstunden arbeitet. Wenn jetzt der 38-Stündler gefordert wird in Analogie zum Stammwerk Mehrarbeit zu leisten, geht das echt in den Härtebereich. Und da wehrt sich natürlich auch unser Betriebsrat dagegen, indem er

> sagt: Passt mal auf Jungs, wir arbeiten drei Stunden grundsätzlich mehr und zwar immer – ohne Zuschläge. Wenn hier fünf Stunden Mehrarbeit gemacht werden müsste, lägen die Mitarbeiter schon bei 43 Wochenstunden. Deshalb ist die Ablehnung hier natürlich größer." (Standortmanager ostdeutsches Werk)

Die mentalitäts- und kulturbezogenen Erklärungsmuster des Managements dürften zu kurz greifen, weil sie ausblenden, dass beim Thema Arbeitszeitgestaltung regelmäßig unterschiedliche Interessen aufeinanderprallen – und zwar zwischen Arbeitgeber und Arbeitnehmern, aber auch innerhalb der Belegschaft, weil die einen eher an einem Freizeitausgleich und die anderen eher an finanziellen Anreizen zur Verbesserung des Einkommens interessiert sind. Diese Differenzierungen beruhen vermutlich eher auf individuellen Lebenslagen, Verdienstmöglichkeiten und subjektiven Präferenzen als auf regionalspezifischen Arbeitskulturen oder Mentalitäten.

Denn auch in der westdeutschen Belegschaft scheint es mittlerweile, wie die folgenden Zitate exemplarisch zeigen, viele Schichtarbeiter zu geben, für die eine ausgewogene Balance von Arbeit und Freizeit einen wachsenden Stellenwert hat.

> „Ich konnte früher mehr Stunden für die Altersvorsorge ansparen. Aber was nützt mir das, wenn ich dann schon tot bin. Denn ich will doch jetzt leben. Ich nutze mein Stundenkonto jetzt für Freizeitausgleich, für Erholtage, damit ich mein Leben schöner habe." (Maschineneinrichter Stammwerk)

> „Durch die schwere Erkrankung meiner Partnerin habe ich erst mal gesehen, wie schnell das Leben rum ist. Die Lebenszeit ist zu kostbar, um ständig Mehrarbeit für den Aufbau des Langzeitkontos zu leisten. Denn ich lebe jetzt." (Maschineneinrichter Stammwerk)

Die Interviews verweisen darauf, dass vielfach mit zunehmendem Alter das Interesse an Mehrarbeit sinkt und zugleich das Bedürfnis nach Regeneration und Lebensqualität durch Zeitgewinn steigt. Der finanzielle Anreiz oder die Notwendigkeit, durch Mehrarbeit ein höheres Gehalt zu generieren, sinkt dagegen mit zunehmendem Alter und je nach Lebensphase. Auch kritische Lebensereignisse wie eine eigene schwere Erkrankung oder plötzliche Todesfälle im Familien- und Freundeskreis stoßen häufiger Reflexionsprozesse an, die durchaus zu einer Neubewertung des Stellenwerts von Arbeits- und Lebenszeit führen können.

Geben und Nehmen – die Mechanismen des impliziten Vertrags

Die innerbetriebliche Arbeitszeitdebatte wird durch einen latenten dritten Diskurs beeinflusst, der sich um das Verhältnis von „Geben und Nehmen" dreht. Dahinter steht die Frage, ob die Versprechen des „impliziten Vertrags" von beiden Seiten, sprich Arbeitgeber und Arbeitnehmer, eingehalten werden oder ob aus subjektiver Sicht der Beschäftigten eine Schieflage entsteht. Der implizite Vertrag ist nicht wie ein formaler Arbeitsvertrag einklagbar, bildet aber dennoch das Fundament einer vertrauensvollen Zusammenarbeit. Denn der implizite oder psychologische Vertrag definiert das soziale Arbeits- und Austauschverhältnis zwischen Arbeitgeber und Arbeitnehmer und bezieht sich auf implizite Erwartungen und Angebote beider Seiten (Raeder, Grote 2012). Er beinhaltet das Vertrauen auf Fairness und Gerechtigkeit (auch zukunftsbezogen) sowie den Aspekt der Reziprozität im Sinne eines ausgewogenen Gebens und Nehmens.

„Geben und Nehmen" ist eine Metapher, die sich durch viele Interviews mit Mitarbeitern als auch mit Führungskräften zieht, wobei sie v. a., aber nicht ausschließlich, an der Arbeitszeitpolitik, insbesondere an Mehrarbeitserfordernissen und gewünschtem Freizeitausgleich festgemacht wird. Mitarbeiter beklagen v. a. dann eine Schieflage zwischen Geben und Nehmen, wenn sie den Eindruck gewinnen, dass ihr eigenes Engagement bzw. ihre Bereitschaft zur Mehrarbeit nicht ausreichend gewürdigt oder umgekehrt zu wenig Rücksicht auf individuelle Wünsche bei der Entnahme von Zeitguthaben oder bei der Urlaubsplanung genommen wird.

Die individuellen Motive für die Leistung von Mehrarbeit variieren (finanzielle Anreize, Aufbau von Zeitguthaben) – doch es schält sich im innerbetrieblichen Diskurs ein verbindendes Argument heraus: Das ist der Reziprozitätsgedanke. Durch die Mehrarbeit leisten die Mitarbeiter einen Beitrag zur wirtschaftlichen Leistungsfähigkeit des Unternehmens und sichern damit letztlich auch ihre eigenen Arbeitsplätze und ihr Einkommen.

> „Momentan haben wir viel Arbeit. Da sind die Leute auch immer mal bereit, am Wochenende zu arbeiten. Ich arbeite dann auch gerne mal." (Maschineneinrichter Stammwerk)

> „Wir machen es ja auch alle gern (Mehrarbeit). Sicher ist das Finanzielle auch ein bisschen mit dabei, aber wenn viel Arbeit da ist, muss sie halt gemacht werden. Und die Mehrarbeit geht auf das Freizeitkonto." (Maschineneinrichter Stammwerk)

> „Man ist ja froh, dass genug Arbeit da ist. Andersherum, da würde man nur rumnölen. Und so nölt man auf einem hohen Niveau. Aber

man ist im Grunde ja froh, dass man Arbeit hat, so. Und dass man dann auch sein Geld dadurch verdient, so." (Maschineneinrichter ostdeutsches Werk)

Generell ist die Bereitschaft, Mehrarbeit in Form von Zusatzschichten zu leisten, hoch. Doch wenn der Mitarbeiter durch freiwillige Mehrarbeit in Form von Zusatzschichten oder Samstagarbeit dem Unternehmen entgegenkommt und seine Freizeit opfert, dann erwartet er umgekehrt, dass der Betrieb resp. die Führungskraft auch dem Wunsch nach einem individuellen Freizeitausgleich entgegenkommt.

„Das ist so ein Geben und Nehmen hier. Wenn der Meister sagt, kannst du mal Samstag kommen? Und ich sage nein, sage vielleicht zweimal nein und sage dann, ich möchte den und den Tag freinehmen. Dann kann der auch nein sagen. Deshalb ist das so ein Geben und Nehmen. Man muss so ein bisschen diplomatisch hier sein." (Maschineneinrichter ostdeutsches Werk)

Im Vergleich zwischen ostdeutschen und westdeutschen Mitarbeitern sind erstere häufiger der Meinung, dass der Arbeitgeber das Reziprozitätsprinzip verletzt. Gerade im ostdeutschen Werk wurde aufgrund der Vollauslastung über Monate hinweg Mehrarbeit in Form von Zusatzschichten geleistet. Grundlage der angeordneten Mehrarbeit ist eine Betriebsvereinbarung mit dreiwöchiger Laufzeit, die jeweils am Ende der Frist neu verhandelt werden muss. Um den Auftragsbestand termingerecht abarbeiten zu können, wurden teilweise Urlaubssperren verhängt bzw. keine Genehmigungen zum Abbau des Überstundenkontos erteilt. Für die Mitarbeiter im Schichtbetrieb hatte das zur Folge, dass sich die Arbeitswoche auf sechs Werktage und eine wöchentliche Arbeitszeit von 46 Stunden ausdehnte, während sich gleichzeitig die notwendigen Erhol- und Regenerationsphasen verkürzten.

„Regulär ist das Wochenende frei. Aber regulär frei gibt es bei uns in der Firma nicht mehr, weil wir arbeiten ja schon wieder seit Anfang des Jahres dauerhaft mit Mehrarbeit, also Samstagarbeit und Sonntag, weil das so beschlossen wurde mit dem Betriebsrat." (Maschineneinrichter ostdeutsches Werk)

Während dieser mehrarbeitsintensiven Phase hat das Konzernmanagement die Forderung nach Einführung der 40-Stundenwoche intensiviert, was wiederum der latenten Gerechtigkeitsdebatte Auftrieb gegeben hat.

Schichtarbeit und Gesundheit

Gesundheit und betriebliche Gesundheitsförderung

Die Krankenstatistiken der gesetzlichen Krankenkassen verweisen regelmäßig darauf, dass es zwischen der Art der Tätigkeit und dem Gesundheitszustand Zusammenhänge gibt. Auch bei METALL zeigen sich bei den krankheitsbedingten Fehlzeiten deutliche Unterschiede zwischen den Beschäftigten- und Altersgruppen.

Abbildung 9: Durchschnittliche AU-Tage nach Beschäftigen- und Altersgruppe bei METALL (2016)

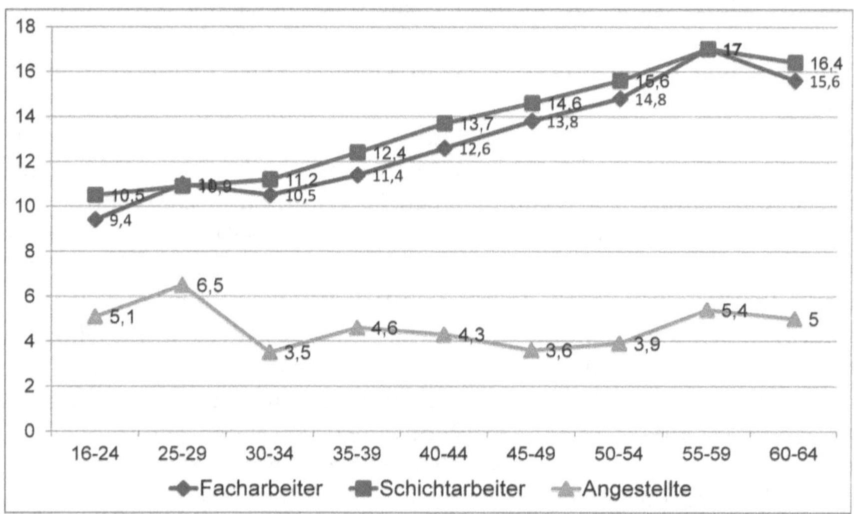

Das betriebliche Krankheitsgeschehen korrespondiert mit jenem in der Metallbranche (Meyer et al. 2017). Während bei den gewerblichen Mitarbeitern die krankheitsbedingten Fehlzeiten mit dem Alter kontinuierlich ansteigen, bleiben sie bei den Mitarbeitern im Angestelltenbereich über den Erwerbsverlauf hinweg weitgehend konstant und auf niedrigem Niveau. In den höheren Altersgruppen weisen die gewerblichen Mitarbeiter im Schnitt die dreifache Anzahl an Fehltagen im Vergleich zu den Angestellten auf. Diese Statistik belegt eindrücklich, dass krankheitsbedingte Fehlzeiten nicht zwangsläufig mit zunehmendem Alter steigen, sondern dass sich das Erkrankungsrisiko in Abhängigkeit der langjährigen arbeitsbedingten Belastungen erhöht. Vergleicht man das Krankheitsgeschehen von Mitarbeitern im Dreischichtbetrieb mit jenen, die in Normal- oder Wechselschicht arbeiten, dann zeigen sich lediglich graduelle Unterschiede bei den durchschnittlichen AU-Tagen. Bei beiden Gruppen steigen die Fehlzeiten mit zunehmendem Alter. Dass die Unterschiede im Fehlzeitengeschehen nicht signifikant sind, mag auch auf den „healthy worker effect" bei den Schichtarbeitenden zurückzuführen sein, da die gesundheitlich beeinträchtigten Mitarbeiter oftmals nicht mehr im Dreischichtbetrieb arbeiten und der Kategorie der Facharbeiter zugeordnet sind.

Bei einem Perspektivwechsel hin zum Gesundheitsstand der Beschäftigten zeigt sich noch deutlicher, dass das Erkrankungsrisiko bei den gewerblichen Mitarbeitern wesentlich höher ist als bei den angestellten Mitarbeitern. Bei 55 % aller Angestellten gab es im Jahr 2016 keine krankheitsbedingten Fehlzeiten, bei den Schichtarbeitern lag dieser Anteil lediglich bei 22 %. Während nur jeder zehnte Angestellte im Durchschnitt mehr als 15 AU-Tage fehlte, waren es bei den Mitarbeitern im Dreischichtbetrieb mehr als 35 %.

Der Arbeits- und Gesundheitsschutz hat im Unternehmen einen hohen Stellenwert. Gerade in den Fertigungsbereichen wurden und werden zahlreiche Maßnahmen zur ergonomischen Gestaltung und zum Abbau von körperlichen Belastungen und Arbeitsumgebungsbelastungen durchgeführt. Die zweite Säule neben der Verhältnisprävention ist die betriebliche Gesundheitsförderung. Das Angebot umfasst kostenlose medizinische Vorsorgeuntersuchungen, Impfungen sowie Checkups, Betriebssportaktivitäten sowie Zuschüsse für den Besuch eines Fitnessstudios oder für die Teilnahme an Präventionskursen zur Entspannung, zur gesunden Ernährung, zu Nordic Walking etc. Durch ein Bonusprogramm sollen Anreize zur Teilnahme an solchen Aktivitäten gegeben werden. Speziell für Schichtarbeiter wird in regelmäßigen Abständen ein zweitägiges Training „Gesunder Umgang mit Schicht- und Nachtarbeit" angeboten, dem zeitversetzt ein eintägiger Follow-up-Kurs folgt. Die Beschäftigten werden für die Teilnahme von der Arbeit freigestellt. Die Interviews belegen, dass die Mitarbeiter, die dieses Training absolviert haben, dieses auch sehr positiv bewerten und zudem zahlreiche Anregungen, bspw. zur Verbesserung der Schlafqualität oder zur Umstellung der Essgewohnheiten im Schichtbetrieb, aufgegriffen haben.

Schichtarbeit und subjektive Gesundheit

Langjährige Schichtarbeit birgt Gesundheitsrisiken. Darauf verweisen auch die Interviews mit Mitarbeitern, die bereits seit vielen Jahren in Wechsel- und Nachtschicht arbeiten oder bis zu ihrer Nachtschichtbefreiung gearbeitet haben. Über gesundheitliche Probleme berichten nicht nur die Mitarbeiter mit attestierten Einschränkungen, sondern häufig auch diejenigen ohne ärztliche Befunde. Die Schilderungen der Befragten verweisen darauf, dass die Anpassung des Biorhythmus' an den Schichtrhythmus mit zunehmendem Alter schwerer fällt.

> „Es liegt an der langjährigen Schicht, von Jahr zu Jahr fällt es einem schwerer. Das merke ich. Bei uns sind viele, die haben Probleme mit dem Einschlafen oder sind zu früh wach." (Betriebsrats Stammwerk)

> „Im Alter merkt man es stärker, als wenn man jünger ist. Da wollen die Knochen nicht mehr so. Am schlimmsten ist die Nachtschicht, weil man nicht schlafen kann. Der Schlafmangel – nach drei oder vier Stunden Schlaf läuft man hier rum, genervt, gerädert, müde, kaputt." (Maschineneinrichter Stammwerk)

Viele berichten über Schlafstörungen in Form von Einschlafproblemen, Durchschlafproblemen oder zu kurzen Schlafphasen nach der Nachtschicht. Chronische Schlafdefizite führen, wie Studien belegen (DGUV 2012), rascher zu Ermüdungserscheinungen, Erschöpfung, Unlust und erhöhter Reizbarkeit. Über diese Symptome berichten auch etliche der befragten Schichtarbeiter.

> „In der Nachtschichtwoche habe ich gar nichts mitgekriegt, weil ich dann nur auf Störungen lief. Man ist da wie ein Zündblättchen. Da spricht einer einen an mit einer verkehrten Tonlage, da geht man schon direkt an die Decke. So ist das bei mir und bei anderen Kollegen teilweise auch." (Maschineneinrichter ostdeutsches Werk)

> „Die Nachtschicht ist das Schlimmste, was es gibt für mich. Nach dem zweiten Tag will ich sterben. Ich kann nicht schlafen, ich kann nicht essen. Und die ganzen Körperfunktionen, die kann man auch vergessen." (Maschineneinrichter Stammwerk)

> „Nachtschicht geht gar nicht. Du bist kein Mensch, du fühlst dich nicht gut. Du kommst den ganzen Tag nicht hoch." (Maschineneinrichter ostdeutsches Werk)

Neben Schlafstörungen bringen die Befragten oftmals auch andere gesundheitsbedingte Probleme wie Übergewicht, Diabetes, Kolitis, Magenbeschwerden in einen Zusammenhang mit der Schichtarbeit. Darüber hinaus klagen viele Schichtarbeiter über gesundheitliche Beeinträchtigungen, die sie teilweise auf die Arbeitsbelastungen bzw. die Arbeitsbedingungen zurückführen, u. a. Muskel-Skelettbeschwerden, Knie- und Gelenkschmerzen infolge des Dauerstehens und Laufens auf dem Betonboden, Tinitus und Hörschäden infolge der hohen Lärmbelastungen. Bei Mitarbeitern mit attestierter Nachtschichtbefreiung gingen in der Regel ernsthafte Erkrankungen voraus, u. a. Herzinfarkt, Schlaganfall, Krebserkrankung oder schwere Operationen am Muskel-Skelett-Apparat.

Die arbeitszeitbezogenen gesundheitlichen Belastungen werden zwar meistens auf die Nachtarbeit zurückgeführt. Allerdings gibt es durchaus auch Beschäftigte, die sich vom Chronotypus her eher zu den Abend- und Nachttypen zählen. Sie klagen häufiger über Schlafprobleme bzw. Schlafdefizite während der Frühschichtwoche, weil der frühe Arbeitsbeginn um 5 Uhr noch mitten in ihre Tiefschlafphase fällt.

Die Mehrzahl der befragten Schichtarbeiter geht eher nicht davon aus, bis zum Rentenalter im Dreischichtbetrieb arbeiten zu können. Diese eher skeptischen Einschätzungen sind keineswegs betriebsspezifisch, sondern werden durch repräsentative Befragungen wie dem DGB-Index Gute Arbeit (2013) bestätigt.

Überraschenderweise sind es eher die Mitarbeiter im rentennahen Alter, die überzeugt sind, bis zur Rente im gegenwärtigen Schichtmodell arbeiten zu können. Diese subjektive Einschätzung dürfte darauf zurückzuführen sein, dass einerseits die restliche Spanne des Arbeitslebens überschaubar ist, es sich andererseits um Mitarbeiter mit einer robusten bzw. stabilen Schichtbiografie handelt, bei denen der sog. „healthy-worker-effect" greift.

Diejenigen Mitarbeiter, die aus gesundheitlichen Gründen aus der Nachtschicht aussteigen konnten, berichten, dass sich ihr Gesundheitszustand seitdem deutlich verbessert und auch der Schlafrhythmus normalisiert habe. Durch den Wechsel in das Zweischichtsystem sei zudem die Lebensqualität deutlich gestiegen.

> „Das war wie ein Sechser im Lotto für mich. Früher war die Arbeit Stress, du warst unausgeschlafen. Da hat immer die Familie drunter gelitten. Bei der Dreischicht ging das gar nicht abzuschalten. Ich habe jetzt ein ausgeglicheneres Leben, mehr Lebensfreude." (Maschineneinrichter, nachtschichtbefreit, ostdeutsches Werk)

> „Ich möchte nicht wieder zurück in dieses Stadium kommen, dass ich wieder Nachtschicht machen muss, weil ich merke, dass es mir wesentlich besser geht und ich viel ausgeglichener bin. Ich möchte nicht mehr zurück in die Nachtschicht, dann verzichte ich gerne auf ein bisschen Geld." (Maschineneinrichter, nachtschichtbefreit, Stammwerk)

Eigene schwere Erkrankungen oder kritische Lebensereignisse im familiären Umfeld führen bei vielen dieser Mitarbeiter zu einer kritischen Reflexion des Stellenwerts von Arbeit und Leben und der Neuentdeckung von Lebensqualität durch die (Wieder-)Integration in die normalen sozialen Rhythmen.

Betrieblicher Umgang mit Anträgen zur Schichtbefreiung

Der Anteil der Mitarbeiter, der aus gesundheitlichen Gründen keine Nachtarbeit mehr ausüben kann, ist gering und betrifft derzeit rund 30 Personen im Unternehmen. Bezogen auf die Gesamtzahl der Schichtbeschäftigten liegt die Quote bei 4 %. Diese Quote berücksichtigt ausschließlich Mitarbeiter, bei denen ein ärztliches Attest oder eine arbeitsmedizinische Empfehlung vorliegt und bei denen zudem ein BEM-Verfahren eingeleitet wurde. Dass es darüber hinaus eine Grauzone gibt, ist aus Sicht der Verfahrensbeteiligten unstrittig.

> „Die Dunkelziffer ist da sehr hoch. Fälle, die uns nicht gemeldet werden, die vielleicht anders abgearbeitet werden, die selbst die Personalabteilung noch nicht kennt." (Holdingmanager)

Das BEM-Verfahren greift nur nach längerer Erkrankung, aber nicht jeder Mitarbeiter, der eine Nachtschichtbefreiung anstrebt, ist oder war über einen längeren Zeitraum hinweg arbeitsunfähig. In derartigen Fällen greifen oft informelle Regelungen oder situative Lösungen auf der Arbeitsebene.

Betrachten wir zunächst die Vorgehensweise im Unternehmen bei Vorlage eines ärztlichen Attests zur Nachtschichtbefreiung. Ein Attest, bspw. vom Haus- oder Facharzt, reicht in der Regel nicht aus, damit ein Mitarbeiter aus der Nachtschicht herausgenommen wird. Vielmehr muss sich der betroffene Mitarbeiter entweder zu einer amtsärztlichen Untersuchung oder zu einer arbeitsmedizinischen Untersuchung bereit erklären. Erst wenn diese Stellen ebenfalls entsprechende ärztliche Empfehlungen abgeben bzw. bestimmte Einschränkungen attestieren, wird entweder ein

BEM-Verfahren eingeleitet oder im Dialog zwischen direkter Führungskraft, Fertigungsleitung, Arbeitsmediziner und Personalabteilung eine individuelle Lösung gesucht.

> „Mit ärztlicher Freistellung bringt man den Betrieb in Zugzwang. Wir haben solche Szenarien ja auch, wo man versucht, geeignete Arbeitsplätze zu finden. Wenn Möglichkeiten für eine sinnvolle Integration existieren, werden die genutzt. Aber – der Spielraum ist minimal. Es wäre falsch, entsprechende Hoffnungen zu wecken. Für das Gros der Belegschaft kann das keine Lösung sein. Es sind nur individuelle Lösungen möglich." (Standortmanager Stammwerk).

Der Arbeitsmediziner wiederum befindet sich in einem Dilemma, weil er zwischen medizinischer Indikation einerseits und den Risiken einer Mehrbelastung anderer Mitarbeiter und betrieblichen Handlungsmöglichkeiten andererseits abwägen muss. In der Regel wird deshalb lediglich eine arbeitsmedizinische Empfehlung zur Nachtschichtbefreiung abgegeben, die zunächst auf einen zeitlich befristeten Ausstieg orientiert.

> „Das Problem ist, wenn ich solche Empfehlungen weitergebe, wie geht dann der Betrieb damit um? Jetzt hat er zehn Mitarbeiter, die nicht in der Nachtschicht eingesetzt werden sollen. Wo nimmt er dann die Nachtschichtarbeiter her? Die anderen, die da sind, werden dann mehr belastet. Und da habe ich noch keine Lösung für mich gefunden." (Betriebsarzt)

Bei Vorlage einer ärztlichen Empfehlung zur (Nacht-)Schichtbefreiung wird zunächst geprüft, ob der betroffene Mitarbeiter weiterhin an seinem Stammarbeitsplatz bleiben kann oder eine Umsetzung in einen anderen Arbeitsbereich in Frage kommt. Allerdings sind die Aufnahmekapazitäten in den fertigungsnahen Bereichen begrenzt. Die Suche nach geeigneten Einsatzmöglichkeiten wird auch dadurch erschwert, dass es, wie in den meisten Industriebetrieben, schon lange keine typischen Schonarbeitsplätze mehr gibt oder eine Versetzung an fehlenden Qualifikationen scheitert.

> „Wir haben keine Schonarbeitsplätze mehr. Aber wir haben viele Bereiche, die z. B. als Alternative gelten könnten, die sind aber mittlerweile so hochqualifiziert, dass das nicht ohne Weiteres geht. Deshalb gehört auch Qualifizierung dazu. Aber das schaffen wir nicht bei jedem. Da muss der Mitarbeiter mitmachen." (Holdingmanager)

Ein Tätigkeitswechsel ist u. a. durch die Entwicklung hin zum Spezialistentum schwierig und zudem voraussetzungsvoll. Die Tätigkeiten in vielen fertigungsnahen Bereichen werden ebenfalls anspruchsvoller, so dass eine Versetzung ohne vorherige Qualifizierung wenig Sinn macht. Es gibt zwar weiterhin Bereiche mit einfacheren Tätigkeiten wie bspw. Logistik und Versand. Sie sind für Maschineneinrichter jedoch keine attraktive Alternative, da die Arbeit nicht dem Facharbeiterniveau entspricht und zudem geringer entlohnt wird.

> „Da war die Befürchtung, die wollten mich im Versand an eine Verpackungsmaschine für deutlich weniger Entgelt hinpacken. Das wäre eine Einbuße von 400 Euro gewesen." (Maschineneinrichter, nachtschichtbefreit, Stammwerk)

Mitarbeiter sind oftmals nicht bereit oder finanziell nicht in der Lage, Gehaltseinbußen in Kauf zu nehmen, auch wenn ein Arbeitsplatzwechsel gesundheitsförderlich wäre. Beschäftigte wiederum, bei denen aufgrund des Alters die tarifliche Entgeltsicherung greift, sind aufgeschlossener für einen Tätigkeitswechsel.

> „Der Betriebsarzt empfahl mir dringend einen Arbeitsplatz ohne Nachtschicht – mit oder ohne METALL. Der hätte mir auch ein Attest ausgestellt. Da komme ich aber in eine Mühle rein, wo ich gar nicht hinmöchte. Da steht dann definitiv aus ärztlicher Sicht drin, dass ich keine drei Schichten mehr arbeiten darf, und wo es irgendwann mal heißt: Herr X. rutscht dann nur noch in ein Einschichtsystem rein. Und in den Bereichen, wo bei METALL einschichtig gearbeitet wird, dann sind halt mehrere Faktoren: deutlich geringerer Verdienst, keine anspruchsvollen Arbeiten, zu viele Einschränkungen. Und eine Arbeit muss mir irgendwo auch Spaß machen." (Maschineneinrichter, nachtschichtbefreit, Stammwerk)

Für manche Mitarbeiter, die keine Nachtarbeit mehr verrichten können, wurden neue Aufgabenbereiche bzw. Stellen geschaffen, die auf das jeweilige Erfahrungs- und Kompetenzprofil zugeschnitten sind. Für die betroffenen Mitarbeiter erweist sich dies meist als Glücksfall, weil sie weiterhin wertschöpfend tätig sein und eine anspruchsvolle Tätigkeit ohne Nachtschicht ausüben können. Ein Facharbeiter, der zuvor lange Jahre als Maschineneinrichter tätig war, berichtet, dass er nach der ärztlichen Empfehlung zur Nachtschichtbefreiung zunächst in Sorge war, „dass man sich überflüssig vorkommt oder vielleicht entlassen wird". Das Gegenteil traf ein. Im Betrieb wurde eine neue dispositive Stelle zum Vorrüsten der Werkzeuge geschaffen, die an der Schnittstelle zwischen technischem Büro, Arbeitsvorbereitung und Fertigung angesiedelt ist.

> „Es wurde dann festgestellt, dass durch meine Arbeit Probleme aufgezeigt wurden, Missstände mit Zeichnungen, dass Verschleißteile, die häufig kaputtgehen, gar nicht angelegt wurden. Ich habe mit meinen Anregungen zur Optimierung beigetragen. Meine Arbeit ist sehr sinnvoll, sie trägt zur Verbesserung von Abläufen bei." (Maschineneinrichter, nachtschichtbefreit, Stammwerk)

Häufiger als ein Tätigkeits- oder Bereichswechsel werden individuelle Arbeitszeitlösungen innerhalb des angestammten Arbeitsbereichs vereinbart, bspw. der Einsatz in Wechselschicht, in Tagschicht oder in Dauerfrühschicht. Die Gestaltungsmöglichkeiten sind allerdings sowohl durch Fertigungsabläufe als auch durch die knappen Personalkapazitäten begrenzt. In Arbeitsbereichen, in denen die Schichtgruppen personell relativ gut ausgestattet sind oder wo bestimmte Aufgaben so gebündelt werden können, dass sie nicht im Dauerbetrieb anfallen, ist es friktionsloser möglich, einen Mitarbeiter aus dem Dreischichtbetrieb herauszunehmen und die Arbeitszuschnitte so zu ändern, dass die Kollegen keine zusätzlichen Nachtschichten übernehmen müssen. In den meisten Fertigungsbereichen, die im Dreischichtbetrieb arbeiten, sind jedoch die Personalkapazitäten lediglich auf eine Mindestsollstärke ausgelegt, was kaum Spielräume für abweichende Arbeitszeiten lässt oder nur unter Inkaufnahme einer Mehrbelastung der Schichtgruppen, die den Nachtschichtausfall ihres Kollegen kompensieren müssen. Dieses Dilemma, den einen durch Mehrbelastung des anderen zu entlasten, sehen auch die direkten Führungskräfte:

> „Wir haben einen Mitarbeiter in meinem Bereich, der darf z. B. keine Nachtschicht mehr machen. Und wenn sie dann so einen Fall haben, geraten sie natürlich in Bedrängnis, weil sie müssen solche Fälle ja irgendwie auffangen. Dann müssen die Jüngeren die Schichten mitübernehmen. So. Und dann halte ich dem Betriebsrat immer entgegen: Leute, ich kann doch nicht so einen Jüngeren auf Kosten der Befreiung von dem Älteren den jetzt – provokant gesagt – verheizen." (Meister Fertigungsbereich Stammwerk)

Eine längere oder dauerhafte Nachtschichtbefreiung setzt voraus, dass die Kollegen die individuelle Arbeitszeitregelung akzeptieren und bereit sind, die persönlichen Auswirkungen, die sich dadurch in der Schicht- und Einsatzplanung ergeben, mitzutragen. Die Bereitschaft zur kollegialen Unterstützung wird durch den sozialen Zusammenhalt und das Arbeitsklima beeinflusst, teilweise auch durch persönliche Zeitinteressen oder Schichtpräferenzen.

> „Vor zwei Jahren ist einer in Rente gegangen. Für den haben wir vorher die Nachtschicht mitgemacht, weil wir gesagt haben: Du brauchst nicht mehr die drei Nächte machen, die machen wir für dich mit. Das kann man auch mal machen. Aber du kannst ja nicht alles auffangen. Und jetzt sind in der Abteilung vier Mitarbeiter nachtschichtbefreit. Das müssten die anderen eigentlich auffangen. Und das haut nicht mehr hin." (Maschineneinrichter Stammwerk)

> „Es gibt auch Kollegen, die machen Dauernachtschicht oder Früh- und Nachtschicht oder Spät- und Nachtschicht, weil es halt andere Kollegen gibt, die von der Nachtschicht befreit sind. Das ist freiwillig. Und man muss eben einen Kollegen finden, der das mitmacht." (Betriebsrat Stammwerk)

Solche Modelle können nur einvernehmlich und freiwillig umgesetzt werden, sofern sich Kollegen bereit erklären, ihren regulären Schichtrhythmus aufzugeben. Dies beinhaltet meist auch einen schichtgruppenübergreifenden Arbeitseinsatz, zu dem manche nicht bereit sind; sei es, weil sie innerhalb des Teams eine Fahrgemeinschaft bilden, sei es, weil man nicht auf die soziale Einbettung in die eigene Schichtgruppe verzichten möchte.

In einigen Arbeitsbereichen stoßen solche individuellen Lösungen auch auf latente Missgunst oder Kritik anderer Arbeitnehmer. Auslöser ist meist das subjektive Gefühl mangelnder Fairness oder fehlender Gleichbehandlung. Eine typische Reaktion zeigt folgendes Zitat: „Warum geht das bei dem und bei mir nicht. Wir leiden alle unter Schlafstörungen" (Maschineneinrichter Fertigungsbereich). Solche unterschwelligen Reaktionen wollen die Führungskräfte möglichst vermeiden, um das Arbeitsklima nicht zu belasten oder weitere „Begehrlichkeiten" zu wecken. Eine Führungskraft berichtet, dass nach einer Schichtbefreiung andere Mitarbeiter seiner Abteilung ebenfalls bestrebt waren, für sich eine individuelle Arbeitszeitregelung durchzusetzen.

> „Da war auch schon der eine oder andere findige Mitarbeiter, der sagte: Jetzt gehe ich mal zum Betriebsarzt und lasse mich ebenfalls freistellen. Oder ich gehe zum Personalvorstand, der macht das möglich. Die sahen das praktisch so als Persil-Schein an. Dann musste ich den Mitarbeitern aber sagen: Passt mal auf, dann kann es aber passieren, dass ich dich hier nicht mehr beschäftigen kann, weil wir sind hier ein Dreischichtbetrieb und ich habe hier den betrieblichen Ablauf sicherzustellen. Und folgerichtig kann es auch sein, dass du dich dann vielleicht irgendwo in einem Lager- oder Versandbereich wiederfindest – mit einer anderen Bezahlung natürlich. Und dann sind diese Mitarbei-

> ter ganz schnell wieder zurückgerudert." (Meister Fertigungsbereich Stammwerk)

Das Unternehmen ist bestrebt, möglichst keine „Präzedenzfälle" bei Schichtbefreiungen zu schaffen, weshalb in der internen Kommunikation ausdrücklich klargestellt wird, dass ausschließlich fallbezogene Lösungen nach intensiver Prüfung des Sachverhalts infrage kommen, es aber keinen Automatismus bzw. Anspruch gibt.

> „Das sind dann immer die gefährlichen Diskussionen, die wir im Haus haben. Der eine schafft es, vielleicht etwas versteckt über ein ärztliches Attest. Aber vielleicht war der Wunsch doch größer als das Leiden. Und das ist natürlich hie und da auch Motivation für andere Kollegen, die Welle zu reiten." (Fertigungsleiter Stammwerk)

Die Fälle, in denen Mitarbeiter aus gesundheitlichen Gründen aus der Nachtschicht herausgenommen werden, ohne dass eine ärztliche Empfehlung oder ein Attest vorliegt, sind nicht zentral erfasst, dürften aber in der Praxis häufiger vorkommen als die attestierten Fälle. Meist beruhen diese „Deals" auf informellen Regelungen zwischen Kollegen und in Absprachen mit der Führungskraft, wie sie oben beschrieben wurden. Treibende Kraft ist in der Regel der Mitarbeiter mit massiven gesundheitlichen Problemen, chronischen Krankheitsbildern oder Schlafstörungen, der nach Wegen aus der Nachtschicht sucht, ohne ein ärztliches Attest einholen zu müssen. Zu typischen Vermeidungsstrategien im Vorfeld einer Nachtschichtbefreiung gehören den Interviews zufolge u. U. gehäufte Krankmeldungen oder Urlaubswünsche während der Nachtschichtwoche.

> „Ich habe bewusst Urlaub genommen, mal eine Woche krankgemacht. Dann hat man gebettelt, dass man keine Nachtschicht macht, dass man eine andere Schicht machen kann. Irgendwann habe ich die Reißleine gezogen und eine Reha gemacht." (Maschineneinrichter Stammwerk)

Erst wenn der Leidensdruck sehr hoch ist und „Vermeidungsstrategien" nicht mehr oder nur noch eingeschränkt funktionieren, wird ernsthaft erwogen, mithilfe einer ärztlichen Empfehlung eine Nachtschichtbefreiung zu erhalten. Viele zögern diesen Schritt so lange wie möglich hinaus – auch aus Sorge vor möglichen beruflichen Konsequenzen oder Gehaltseinbußen. Diesen Entscheidungsfindungsprozess beschreibt ein Mitarbeiter sehr anschaulich, der mittlerweile aufgrund der ärztlichen Empfehlung nur noch in Wechselschicht ohne Nachtschicht arbeitet:

> „Ich hatte massive Schlafstörungen, dadurch Aggressionen, Herzrasen, Beklemmungen. Ich habe lange gezögert, die Befreiung einzuleiten. Das habe ich ja auch Monate vor mir hergeschoben. Angst um den Arbeitsplatz usw. Aber wenn es nicht mehr geht, dann geht es nicht. Und irgendwo gibt es eine Lösung, wo es weitergeht. Wenn man direkt mit offenen Karten spielt, dann stößt man hier keine Tür zu, sondern man hat offene Ohren. Ich bin METALL dankbar für die Lösung. Es ist alles gut so jetzt, wie es ist." (Maschineneinrichter, nachtschichtbefreit, ostdeutsches Werk)

Individuelle Arbeitszeitlösungen im Schichtbetrieb sind keineswegs nur auf gesundheitliche Probleme zurückzuführen, sondern resultieren zunehmend aus familiären Anforderungen wie bspw. Kinderbetreuung oder die Pflege Angehöriger. Im Idealfall ergänzen sich die unterschiedlichen Schichtwünsche.

> „75 % sind gesundheitliche Probleme, dass halt eine Empfehlung vom Arbeitsmediziner vorliegt, den Mitarbeiter für eine gewisse Zeit oder grundsätzlich von der Schicht zu befreien. Das andere ist halt das Thema Beruf und Familie, was auch wirklich gut funktioniert, wenn gesagt wird, ich kann bestimmte Schichten nicht machen. [...] Da haben wir aktuelle Fälle, wo sich der Arbeitgeber mit dem Beschäftigten einigt, bspw. bei Pflege von Angehörigen." (Betriebsrat, Stammwerk)

Die Vereinbarkeit von Beruf und Familie hat für METALL einen hohen Stellenwert, seitdem die Firma vor einer Dekade damit begonnen hat, sich als familienfreundliches Unternehmen zu positionieren. Dieses Leitbild soll nicht nur propagiert, sondern im Unternehmen auch gelebt werden. Das Thema Beruf und Familie ist direkt im Topmanagement angesiedelt, weshalb die Personalabteilung großen Wert darauf legt, dass Schichtarbeiter bei Vereinbarkeitsproblemen ebenfalls von familienfreundlichen Regelungen profitieren können und nicht nur die Mitarbeiter in den Angestelltenbereichen, die dafür auf flexible Arbeitszeitregelungen zurückgreifen können.

> „Ich sage mal, Beruf und Familie, das sind so Sondereinflüsse. Wir nehmen Rücksicht auf Alleinerziehende. Der kann nur Früh- und Nachtschicht machen. Wir nehmen auf die gesundheitlichen Aspekte Rücksicht. Und so ist man hinterher nicht mehr in der Lage, einen vernünftigen Schichtplan herzustellen." (Standortmanager Stammwerk)

Je mehr individuelle Zeitarrangements für bestimmte Beschäftigtengruppen getroffen werden müssen, desto schwieriger wird allerdings die Aufrechterhaltung eines reibungslosen Schichtbetriebs für die Führungskräfte. Allerdings sind die operativen Führungskräfte angehalten, ihre Mitarbeiter bei Vereinbarkeitsproblemen fallbezogen zu unterstützen. In den Fertigungsbereichen gibt es diverse Beispiele für individuelle Zeitarrangements aufgrund familiärer Verpflichtungen.

> „Wir haben einen Mitarbeiter, der macht nur Nachtschicht aus familiären Gründen. Das wollte er so und das ist mit ihm so abgesprochen. Und einem Mitarbeiter haben wir hier eine Sonderstellung gegeben, weil er seinen Vater pflegt." (Meister Fertigungsbereich Stammwerk)

Im Idealfall bieten sich Tandemlösungen in der Schichtbelegung an zwischen einem familiär bedingten Aussteiger aus dem Dreischichtbetrieb und einem Mitarbeiter, der aus gesundheitlichen Gründen eine Nachtschichtbefreiung hat. Ein Meister berichtet über dieses Arrangement in seinem Verantwortungsbereich:

> „Wir haben jetzt den glücklichen Umstand, der eine ist jetzt befreit von der Nachtschicht, der macht also nur Früh- und Spätschicht im Wechsel. Dann haben wir einen alleinerziehenden Familienvater, der möchte ganz gerne nachmittags zu Hause sein, also keine Spätschicht machen. Der arbeitet nur Früh- und Nachtschicht im Wechsel. Das heißt, es ergänzt sich." (Meister Fertigungsbereich Stammwerk)

Vielfach gehen solche Tandemlösungen auf freiwillige Verabredungen zwischen Beschäftigten zurück, die dann mit Zustimmung der Führungskraft im Schichtplan umgesetzt werden. In der Regel geht die Initiative von dem Mitarbeiter aus, der gesundheitliche Probleme oder massive Schlafstörungen infolge der Nachtschichtarbeit hat, allerdings vor dem Schritt einer Freistellung durch ein ärztliches Attest zurückscheut und stattdessen eine informelle Lösung sucht. Dieser komplementäre Schichteinsatz wird von der Führungskraft akzeptiert, solange das Modell funktioniert und beide Arbeitnehmer mit dem Arrangement zufrieden sind. Das Unternehmen befürwortet allerdings keine Schichtarrangements, die auf eine Dauernachtschicht für einzelne Mitarbeiter hinauslaufen und dadurch deren Gesundheitsrisiko erhöhen.

Die soziale Akzeptanz individueller Arbeitszeitregelungen scheint im Falle familienbezogener Probleme auf der Kollegenebene höher zu sein als bei gesundheitsbedingten (Nacht-)Schichtbefreiungen. Einige Mitarbeiter, die wegen gesundheitlicher Probleme aus der Nachtschicht herausgenommen wurden, berichten über Fälle von Neid und Missgunst im Arbeitsumfeld.

> „Da gibt es natürlich auch Neider, die haben schon hier und da versucht, mir und meinem Kollegen einen Knüppel zwischen die Beine zu schmeißen. Aber solange mein Kollege damit glücklich ist, geht das so weiter. Da bin ich so dankbar drüber. Von mir aus kann das Modell bis zur Rente so weitergehen." (Maschineneinrichter, nachtschichtbefreit, Stammwerk)

Auch verweisen einige Interviews darauf, dass Mitarbeiter bei gesundheitlichen Beschwerden eher den temporären Ausstieg über Beruf und Familie wählen anstatt über eine ärztliche Empfehlung – auch aus Sorge über mögliche finanzielle oder berufliche Auswirkungen.

Da die Vereinbarkeit von Beruf und Familie nach innen und außen proklamiert wird, erhält der familienbezogene Ausstiegswunsch offenbar eine größere Legitimation als ein krankheitsbedingter Nachtschichtausstieg.

Einstellungen zur Schichtarbeit zwischen Akzeptanz, Resignation und Ablehnung

Die Beschäftigteninterviews verweisen darauf, dass sich die individuellen Bewertungen zum Schichtmodell und zur Schichtarbeit oftmals annähern, häufig jedoch nicht deckungsgleich sind. Es gibt Mitarbeiter, die unabhängig vom praktizierten Schichtmodell der Schichtarbeit generell sehr kritisch gegenüberstehen. Und es gibt wiederum Mitarbeiter, die bestimmte Schichtmodelle favorisieren, andere wiederum strikt ablehnen, sich aber prinzipiell mit den Erfordernissen der Schichtarbeit arrangieren.

Die subjektiven Bewertungen der Mitarbeiter hinsichtlich der Anforderungen und Belastungen von Schicht- und Nachtarbeit weisen eine Spannbreite auf, die zwischen den Polen eines dauerhaften Verbleibs und eines (potenziellen) Ausstiegs aus der Schichtarbeit angesiedelt sind.

Im Schichttakt leben

Schichtarbeit greift tief in das Alltagsleben ein. Wie Mitarbeiter mit einem stetig wechselnden Schichtplan ihr Privat- und Familienleben organisieren, ist individuell sehr unterschiedlich. Die Mitarbeiter, die ihr Privatleben im Takt mit der Schichtarbeit organisiert bzw. sich mit den beruflichen Anforderungen der Schichtarbeit arrangiert haben, sind in der Regel auch diejenigen mit der größten Arbeits- und Lebenszufriedenheit – und zwar unabhängig von ihrem subjektiven Gesundheitszustand.

> „Mir gefällt meine Arbeit. Mir macht das Arbeiten Spaß, egal was. Ich bin mit dem jetzigen (Drei-)Schichtsystem zufrieden, muss ich klipp und klar sagen. Die Familie ist daran gewöhnt." (Werkzeugmacher Stammwerk)

> „Dieses Dreischichtsystem, was wir hier haben, das ist in Ordnung. Also ich habe bisher nie ein Problem gehabt. Man ist am Wochenende zuhause. Man hat seine Freizeit. Und ich sage mal so, mit einer normalen Familie, wo die Frau auch nicht in Schichten arbeitet, ist alles gut. Da gibt es keine Probleme." (Maschineneinrichter ostdeutsches Werk)

Diese mentale Einstellung zur Schichtarbeit sowie die soziale Unterstützung aus dem privaten Umfeld bzw. von Ehepartner/-in und Familie scheinen dabei eine entscheidende Rolle zu spielen. Ein Facharbeiter mit Familie, der zuvor im Handwerk tätig und wegen der unregelmäßigen Arbeitszeiten unzufrieden war, ist von den Vorteilen des Schichtmodells bei METALL überzeugt:

> „In unserem Schichtmodell lassen sich Familie und soziale Kontakte gut vereinbaren. Ich kenne Fälle, dass Leute aus dem Handwerk zu METALL kommen wegen der geregelten Arbeitszeit. Ich ja auch. Bei einer Arbeitszeit von 8.00 bis 17.00 Uhr ist der Tag gelaufen. Hier gehe ich um 13.00 Uhr nach Hause und bin zuhause. Das ist der Vorteil. Der Schichtplan ist über das Jahr hinweg planbar, ziemlich zuverlässig. Mit meiner Frau habe ich das ganze Jahr schon durchgeplant. Sagen wir mal, man passt sich dem Schichtmodell an. Man richtet ja sein Leben irgendwie danach. Ich kann nicht sagen, dass da irgendwas auf der Strecke bleibt." (Maschineneinrichter ostdeutsches Werk)

Die Einstellung zur Schichtarbeit wird auch geprägt durch frühere Erfahrungen mit anderen Arbeitszeitmodellen. Das trifft bspw. häufig auf Mitarbeiter zu, die aus dem Handwerk zu METALL gewechselt sind, weil die Arbeitsbedingungen in der Industrie attraktiver erschienen. Dort lockten nicht nur die besseren Verdienstmöglichkeiten, sondern auch die geregelten Arbeitszeiten, die der Schichtbetrieb bietet. Diese Arbeitnehmer wussten vorher, welche Arbeitszeitmodelle bei METALL praktiziert werden und akzeptieren demzufolge, dass der Dreischichtbetrieb notwendig ist und arrangieren sich damit.

Oftmals werden die schichtbedingten Einschränkungen im Privatleben aus finanziellen Erwägungen hingenommen. Dieses monetäre Argument findet sich eher bei Mitarbeitern der jüngeren Altersgruppen und bei Mitarbeitern mit familiären Verpflichtungen.

> „Wenn man hier anfängt, muss man sich im Klaren sein, dass es einen mit drei Schichten erwischen kann. Und das ist nun mal das Berufsrisiko oder Berufspech, was man dann hat. Man sollte sich das vorher überlegen, denn das ist auch Lebensqualität, die dann in drei Schichten irgendwo verlorengeht. Andererseits gibt es durch die Schichten auch gewisse Zulagen, die am Ende auf dem Lohnzettel auch nicht zu unterschätzen sind. Man muss halt sehen, was für einen wichtiger ist." (Maschineneinrichter ostdeutsches Werk)

Wie wichtig eine positive Einstellung zur Schichtarbeit für die mentale Gesundheit ist, zeigt das Zitat eines anderen Mitarbeiters, der schon lange dreischichtig arbeitet:

> „Schichtarbeit ist aber auch viel Kopfsache. Man muss sich nicht jeden Tag darüber fertig machen, dass man Schicht arbeitet." (Schichtarbeiter ostdeutsches Werk)

Viele Mitarbeiter, die mit dem Schichtrhythmus zufrieden sind, haben eigene Strategien entwickelt, wie sie die arbeitszeitbezogenen Belastungen kompensieren oder reduzieren können. Dabei spielen Ausgleichssport, regelmäßige Bewegung, Spaziergänge in der freien Natur, ausgewogene Ernährung und bestimmte Schlafroutinen eine wichtige Rolle. Diese Aktivitäten sind in der Regel fester Bestandteil des Alltagslebens, sie ermöglichen eine zeitnahe Regeneration, fördern den Stressabbau und helfen dabei, Abstand zur Arbeit zu gewinnen.

Diese Beschäftigten verfügen zudem über arbeits- und organisationsbezogene Ressourcen, die ebenfalls zur Kompensation von schichtbezogenen Belastungen beitragen und die wiederum die Arbeits- und Schichtzufriedenheit erhöhen. Zu diesen Ressourcen gehören bspw. ein gutes und kollegiales Arbeitsklima, der soziale Zusammenhalt in der Schichtgruppe, die hohe Identifikation mit der Arbeit und dem Unternehmen sowie eine abwechslungsreiche Tätigkeit.

Fehlende Alternativen zum Schichtbetrieb

Im Vergleich zu den Beschäftigten mit stabiler Schichtbiografie gibt es andere Mitarbeitergruppen, die in ihrer generellen Einstellung zu Schicht- und Nachtarbeit eher skeptisch bis ablehnend sind, wobei die individuellen Argumente variieren.

Bei einer Gruppe von Schichtarbeitern im Stammwerk, die dem Dreischichtsystem eher kritisch gegenübersteht, handelt es sich um Mitarbeiter, die bei METALL zu einer Zeit ihre Stelle angetreten haben, als noch im regulären Zweischichtsystem gearbeitet wurde und deren Arbeitsverträge auch darauf ausgelegt sind.

> „Ich komme ja aus einer Branche Metall-/Stahlbau, wo eigentlich dreischichtig hier im Umkreis damals nicht gearbeitet wurde. Und das war eigentlich mein Bestreben auch hier bei METALL. Ich wollte nie dreischichtig arbeiten. Als ich bei METALL angefangen habe und jetzt kommt der springende Punkt: Da wurde damals zweischichtig gearbeitet und alle sechs Wochen mal Nachtschicht. Das ist ja quasi nix. Das war sehr angenehm." (Maschineneinrichter Stammwerk)

> „Ich habe auch noch einen Zweischichtvertrag, aber das wird ja alles nicht eingehalten. Verträge sind eigentlich dazu da, dass sie eingehalten werden und nicht ständig gebrochen werden. So motiviert man auch die Menschen nicht." (Maschineneinrichter ostdeutsches Werk)

Manche hatten damals ihren früheren Arbeitgeber v. a. deshalb gewechselt, um keine reguläre Nachtarbeit mehr machen zu müssen. Heute finden sie sich bei METALL im gleichen Schichtsystem wieder, dem sie ursprünglich den Rücken gekehrt hatten. Viele sind deshalb frustriert und enttäuscht. Ein erneuter Arbeitgeberwechsel kommt dennoch nicht in Frage, da auch die anderen Industriebetriebe in der Region mittlerweile ähnliche Arbeitszeitmodelle haben, allerdings in Punkto Arbeitgeberattraktivität nicht an METALL herankommen.

Eine weitere Gruppe zeichnet sich durch eine stark ablehnende Haltung gegenüber der Schichtarbeit generell oder dem Dreischichtsystem im speziellen aus. Die Hauptkritik entzündet sich an der mangelnden Vereinbarkeit von Schichtarbeit mit Familie sowie der begrenzten Teilhabe am sozialen Leben, an Vereins-, Sport- und Freizeitaktivitäten.

> „Wer möchte das schon freiwillig machen, der Familie hat. Ich habe früher an Sportmeisterschaften teilgenommen, das war wegen der Schichtarbeit nicht mehr möglich. Das ging auch alles den Bach runter. Das Beziehungsleben ist auch schwierig, wenn die Frau geregelte Arbeitszeiten hat. Dadurch sind schon zwei Beziehungen in die Brüche gegangen. Das Zwischenmenschliche bleibt auf der Strecke." (Maschineneinrichter ostdeutsches Werk)

> „Es gibt keine guten Schichten. Schichtarbeit ist Müll. Die Familie bleibt auf der Strecke, dein Körper bleibt auf der Strecke, deine Gesundheit. Das ganze Familienleben geht kaputt durch die Schichtar-

beit. Man sieht sich kaum noch. Irgendwann geht die Alte fremd und danke schön METALL." (Maschineneinrichter ostdeutsches Werk)

Diese Schichtarbeiter machen aus ihrer Kritik und strikten Ablehnung keinen Hehl, sehen aber keine realistische Möglichkeit, aus dem Schichtbetrieb auszusteigen. Die Ablehnung des Arbeitszeitmodells gepaart mit Perspektivlosigkeit trägt dazu bei, dass die Arbeitszufriedenheit oftmals gering ist. Vielfach agieren diese Schichtarbeiter in einem sozialen Umfeld, das den Schichtrhythmus als problematisch oder störend empfindet, was wiederum nicht selten zu Reibungen und Konflikten im Privatleben führt. In den Interviews finden sich diverse – auch biografische – Berichte über zerbrochene Beziehungen, zerrüttete Ehen und Scheidungen infolge der Schichtarbeit.

Beschäftigte berichten häufiger, dass sie infolge der Schichtarbeit ihre früheren Aktivitäten im Sport, im Ehrenamt oder im Verein aufgeben mussten, weil eine regelmäßige Teilnahme nicht mehr möglich war oder sie aufgrund von Erschöpfung keine Energie mehr aufbringen, sich in der Freizeit zusätzlich zu engagieren.

Typische Strategien zum Ausstieg aus dem Schichtbetrieb

Der latente Wunsch nach einem Ausstieg aus der Schicht-/Nachtarbeit wird vielfach durch die individuelle Lebenssituation und das soziale Umfeld, das gesundheitliche Befinden, die subjektive Einstellung und die Arbeitszufriedenheit beeinflusst. Das „attestierte" Antragsgeschehen zur Befreiung von Schicht- bzw. Nachtarbeit aufgrund gesundheitlicher Probleme bildet lediglich ein erfassbares und quantifizierbares Teilspektrum des Geschehens ab. Darüber hinaus gibt es eine Grauzone, die zahlenmäßig schwer zu definieren ist. Sie bezieht sich auf Beschäftigte, die mehr oder minder aktiv nach Wegen aus der Schichtarbeit heraus suchen.

Neben dem gesundheitsbedingten Ausstieg qua Attest bzw. ärztlicher Empfehlung oder dem Ausstieg aus familiären Gründen im Rahmen des Programms Beruf und Familie versuchen manche Beschäftige noch auf anderen Wegen, aus der Schichtarbeit auszusteigen. So findet man bei jüngeren, gut qualifizierten und aufstiegsorientierten Facharbeitern das aktive Bestreben, sich durch Qualifizierung und Fortbildung neue berufliche Perspektiven jenseits des Schichtrhythmus zu erschließen. Die Höherqualifizierung erfolgt meist im Rahmen einer Ausbildung zum Meister oder Techniker oder auch durch ein Studium, wobei das Unternehmen diese berufliche Weiterbildung unterstützt. Inwieweit dabei die Belastungen der Schichtarbeit die treibende Kraft darstellen, bleibt offen.

Die Einschätzungen der operativen Führungskräfte zu diesem Abwanderungstrend aus der Schichtarbeit sind ambivalent. Sie können einerseits die individuellen Beweggründe nachvollziehen, weil sie selbst oftmals den gleichen Weg zum beruflichen Aufstieg gewählt haben, kritisch hingegen beurteilen sie den damit einhergehenden Brain-Drain aus ihren Verantwortungsbereichen. Die Kritik richtet sich nicht an die aufstiegsorientieren Mitarbeiter, sondern an eine aus ihrer Sicht verfehlte bzw. zu ambitionierte Rekrutierungspolitik im Unternehmen. Moniert wird dabei v. a. eine „Bestenauswahl" bei den Bewerbern um Ausbildungsplätze im gewerblichen Bereich, was dazu führe, dass Hauptschüler mit technischem Geschick und einer größeren potenziellen Akzeptanz der Schichtarbeit unberücksichtigt blieben.

Weitere Exit-Strategien, die aber nur von wenigen Schichtarbeitern tatsächlich realisiert werden (können), sind Eigenkündigungen, um zu einem Arbeitgeber ohne Schicht- oder Nachtarbeit zu wechseln oder innerbetriebliche Bewerbungen bzw. Versetzungswünsche in eine Abteilung, die nicht im Dreischichtbetrieb arbeitet. Ein Arbeitgeberwechsel wird zwar öfter angedacht, aber selten vollzogen, weil damit häufig Verdiensteinbußen in Kauf genommen werden müssten. Der interne Arbeitsmarkt wiederum ist wenig durchlässig auch aufgrund der heterogenen Qualifikationsanforderungen, was die Chancen auf einen dauerhaften Ausstieg aus der Schichtarbeit durch Abteilungswechsel verringert.

Da diese Mitarbeiter keine regulären Wege aus der Nachtschicht finden, überlegen manche, wie sie einen Ausstieg über ein ärztliches Attest realisieren können. Manche Arbeitgebervertreter sorgen sich daher vor einer „missbräuchlichen Nutzung" der Nachtschichtbefreiung.

Fazit

Die Fallstudie bietet einen exemplarischen Einblick in industrielle Schichtarbeit in der Metallindustrie. Bei den Schichtbeschäftigten handelt es sich fast ausschließlich um männliche Facharbeiter mit Vollzeitverträgen, die im klassischen Dreischichtmodell mit wöchentlichen Schichtwechseln arbeiten. Die am Arbeitsplatz und in der Arbeitsumgebung auftretenden Belastungen sind typisch für einen Metallbetrieb, wenngleich die körperlichen Belastungen durch ergonomische Gestaltungsmaßnahmen in den letzten Jahren deutlich reduziert werden konnten. Dennoch nehmen die

Schichtbelastungen infolge einer Kombination aus Alterungsprozess und knapper Personaldecke einerseits und hohen Produktivitätsanforderungen andererseits zu.

Aus betrieblicher Sicht ist das klassische Dreischichtsystem mit drei Schichtgruppen und 15 Schichten ein „atmendes System", weil bei Auftragsspitzen zusätzliche Nachtschichten und Samstagschichten eingeplant werden können. Für die Mitarbeiter wiederum bedeutet ein langlaufender Schichtplan mit wöchentlichen Schichtwechseln Verlässlichkeit und Planbarkeit, zumal in der Regel das Wochenende arbeitsfrei ist. Aufgrund der permanent hohen Auslastung der Fertigungskapazitäten und einem sehr vorsichtigen Personalaufbau plant das Unternehmen längerfristig eine Umstellung auf einen vollkontinuierlichen Schichtbetrieb. Damit würde das Wochenende zur Regelarbeitszeit, was erhebliche Auswirkungen auf die Gestaltung des Alltags- und Privatlebens der Mitarbeiter hätte.

METALL ist ein tarifgebundenes Unternehmen, an dessen Standorten aber unterschiedliche tarifvertragliche Regelungen zur Wochenarbeitszeit zum Tragen kommen. Das führt dazu, dass für Beschäftigte im ostdeutschen Werk die 38-Stundenwoche gilt, für Beschäftigte in Westdeutschland die 35-Stundenwoche. Faktisch sind die Schichtmodelle im westdeutschen Werk jedoch auf eine 40-Stundenwoche ausgelegt, wobei die regelmäßig anfallende Mehrarbeit von wöchentlich fünf Stunden in ein Langzeitkonto zur Alterssicherung eingespeist wird. Diese tariflichen Differenzen bergen das Risiko von interessenpolitischen Konflikten, die sich im innerbetrieblichen Ringen um neue Schicht- und Arbeitszeitmodelle niederschlagen können.

Fallstudie STAHL: Sozialpartnerschaftlich gestaltete Schichtarbeit in der Montanindustrie

Das Unternehmen STAHL ist ein in Norddeutschland angesiedelter Großbetrieb aus der Eisen- und Stahlerzeugung und Standort eines internationalen Konzerns. Das Fallbeispiel aus der Montanindustrie verbindet traditionelle Industriearbeit mit einem hohen tariflichen und betrieblichen Niveau an Risikoabsicherung.

Grunddaten des Unternehmens

Der Betrieb wurde als vollintegriertes Stahlwerk mit Hochofen, Stahl- und Walzwerk in den 1950er Jahren aufgebaut. Am Standort werden mehrere Fertigungsstufen kombiniert: In den Hochöfen wird aus Erz das Roheisen gewonnen und im benachbarten Stahlwerk zu Stahl weiterverarbeitet. Daran schließt sich die Bearbeitung des Stahls zu Blechen im Warm- und Kaltwalzwerk an. Ein Teil dieser Produkte wird in der Galvanik weiter veredelt. Die Endkunden des Stahlwerks sind Unternehmen aus der verarbeitenden Industrie, insbesondere im Automobilbau.

Seit den 1990er Jahren kam es zu mehreren Wechseln der Eigentümer mit unterschiedlichen Konzernstrukturen. Mitte der 2000er Jahre wurde das Werk in den heutigen Mutterkonzern integriert. Das Unternehmen produziert Stahl in unterschiedlichen Güteklassen für den internationalen Markt. Die Marktentwicklung ist aktuell durch einen hohen Preis- und Konkurrenzdruck und durch weltweite Überkapazitäten geprägt.

Ende 2016 waren bei STAHL rund 3.400 Mitarbeiterinnen und Mitarbeiter beschäftigt. In den vergangenen Jahren wurde die Belegschaftsstärke durch zahlreiche Reorganisations- und Anpassungsmaßnahmen gegenüber den 1990er Jahren deutlich reduziert. Zu besonderen Einschnitten kam es zwischen den Jahren 2002 und 2006, in denen mehr als 1.500 Arbeitsplätze abgebaut wurden, Entlassungen aber vermieden werden konnten. Seither ist die Belegschaftsstärke in etwa stabil. Die Folgen der Stahlkrise in den 1990er Jahren betrafen die gesamte Branche, die in Deutschland zwischen 1980 und 2013 ihre Belegschaften um rund 70 % abgebaut hat (Wirtschaftsvereinigung Stahl 2014). Die einzelnen Standorte des Mutterkonzerns STAHL konkurrieren heute nicht nur gegen externe Wettbewerber, sondern stehen auch untereinander in einem scharfen Wettbewerb um einzelne Produktionslose.

Das Stahlwerk ist einer der wichtigen industriellen Arbeitgeber in der Region. In den 1960er und 1970er Jahren war das Unternehmen Schauplatz verschärfter Arbeitskämpfe. Dennoch ist das Werk durch die Mitbestimmungskultur der Montanindustrie und durch sozialpartnerschaftliche, auf einen Interessenausgleich setzende Managementstrategien geprägt, auch wenn seit der Übernahme durch den internationalen Mutterkonzern Mitte der 2000er Jahre der Standort in einem verschärften Wettbewerb und Benchmark zu den anderen Standorten des Konzerns steht.

Bis in die 1990er Jahre hinein sind bei STAHL nicht nur Facharbeiter, sondern auch fachfremde Einsteiger eingestellt worden, die in den verschiedenen Gewerken als Produktionsmitarbeiter angelernt worden sind. Mittlerweile dienen Neueinstellungen nur noch als Ersatz für ausscheidende Mitarbeiter, die aus dem Kreise der Ausbildungsabsolventen im Unternehmen rekrutiert werden. Dabei orientiert sich das Unternehmen an einer Bestenauslese der Absolventen. Die Übernahme in ein unbefristetes Arbeitsverhältnis ist nur möglich, wenn die Beschäftigten sich zur Leistung vollkontinuierlicher Schichtarbeit bereit erklären.

Die Arbeit in den Produktionsbereichen wird von festen Schichtteams verrichtet, die gemeinsam in einer Schichtfolge durchrollieren. Die Größe der Teams variiert deutlich; manche dieser Gruppen bestehen lediglich aus fünf bis sechs Personen. Je nach Betriebsbereich müssen dabei unterschiedliche Qualifikationen im Team vorhanden sein, um eine Anlage zu fahren, z. B. eine Kombination aus Pultfahrern am Leitstand, Mechanikern sowie Elektrikern. Die mitunter kleine Anzahl der Teammitglieder sowie die qualifikatorischen Anforderungen reduzieren in manchen Teams die Flexibilität für den Personaleinsatz.

Betrieblicher Umgang mit gesundheitlichen Einschränkungen und Gesundheitsförderung

Die industrielle Arbeit in der Montanindustrie war und ist durch physische Belastungen und ein hohes Unfallrisiko gekennzeichnet. Nicht umsonst hat der Arbeitsschutz seine Wurzeln im Bergbau und in der Eisen- und Stahlproduktion. Zugleich ist der gewerkschaftliche Organisationsgrad seit jeher überdurchschnittlich hoch. Im Jahr 2006 wurde für die Branche der bundesweit erste „Tarifvertrag zur Gestaltung des demografischen Wandels" abgeschlossen, der vor dem Hintergrund älter werdender

Belegschaften qualitative Elemente der Arbeitsgestaltung in den Mittelpunkt rückte. Vor diesem branchenspezifischen und historischen Hintergrund sind die tariflichen und betrieblichen Regelungen darauf ausgelegt, bei langjähriger Betriebszugehörigkeit den Lebensstandard abzusichern, auch wenn aufgrund von gesundheitlichen Einschränkungen die bisherige Tätigkeit nicht mehr ausgeübt werden kann.

Für STAHL sind zwei Regelungen besonders hervorzuheben: Mit dem § 16 des Manteltarifvertrags (MTV) der Stahlindustrie wurde eine umfassende Verdienstsicherung eingeführt. Sie sichert für Mitarbeiter mit einer definierten Betriebszugehörigkeit[6] ab dem 45. Lebensjahr 90 % und ab dem 50. Lebensjahr 100 % des bisherigen durchschnittlichen Entgelts ab, wenn sie aus gesundheitlichen Gründen auf ihrem bisherigen Arbeitsplatz nicht mehr eingesetzt werden können und deshalb mit einer geringer bewerteten Tätigkeit beschäftigt werden. Dies schließt auch die bisher regelmäßig gezahlten Zulagen (z. B. für Nachtarbeit) ein. Von der Regelung wird auch Schichtuntauglichkeit erfasst, wenn sie in Kombination mit einer weiteren gesundheitlichen Einschränkung vom Werksarzt attestiert wird. Mit dem Paragrafen wird ein hohes Absicherungsniveau für Arbeitnehmer mit gesundheitlichen Einschränkungen festgeschrieben. Allerdings führt diese Konstellation aus Sicht verschiedener Akteure im Unternehmen auch dazu, dass entsprechende Attestierungen mitunter gezielt angesteuert werden, um aus der (Nacht-)Schichtarbeit „auszusteigen". So ist aus werksärztlicher Perspektive nicht immer trennscharf zu unterscheiden, inwiefern eine tatsächliche substanzielle gesundheitliche Einschränkung oder Erkrankung vorliegt, die eine Einsatzbeschränkung nach § 16 notwendig macht. Haus- und fachärztliche Diagnosebescheinigungen gerade im Bereich psychischer Erkrankungen seien nur schwer überprüfbar. Auch aus Sicht der befragten Mitarbeiter wurde der § 16 des MTV als eine zwar wichtige soziale Errungenschaft hervorgehoben, gleichzeitig aber auch eine Tendenz zum „Missbrauch" kritisiert.

Mit der tariflichen Verdienstsicherung korrespondiert, dass innerhalb des Betriebs im Zuge von Restrukturierungen zu Beginn der 2000er Jahre ein Sonderbereich geschaffen wurde, welcher leistungsgewandelte Mitarbeiter aus den verschiedenen Betriebsbereichen aufnimmt. Diese Mitarbei-

6 Ab dem 45. Lebensjahr werden bei 15-jähriger Betriebszugehörigkeit 90 % des Verdienstes, ab dem 50. Lebensjahr bei zehn Jahren Betriebszugehörigkeit 100 % und ab dem 55. Lebensjahr bei fünfjähriger Betriebszugehörigkeit ebenfalls 100 % des Verdienstes weitergezahlt. Der Betriebsarzt hat die Notwendigkeit des Arbeitsplatzwechsels sowie die weitere Einsatzfähigkeit festzustellen.

ter werden nicht mehr im Personalbudget der Bereiche, sondern unter einer eigenen Personalkostenstelle beim Vorstand geführt. Im Jahr 2016 wurden rund 280 Personen, das ist ein Anteil von 8 % der Belegschaft, in diesem Bereich geführt. Für die betroffenen Personen werden jeweils qualifikations- und leistungsadäquate Aufgaben (z. B. in der Logistik, Werkschutz, Schrottverarbeitung etc.) gesucht und ggf. in einer Übungswerkstatt erprobt. Galt die Abteilung bei ihrer Einführung noch als Errungenschaft, mit dem die Produktivität der Betriebsbereiche erhöht und leistungsgewandelte Mitarbeiter im Unternehmen gehalten werden konnten, wird in der jüngeren Zeit dieser „unproduktive“ Bereich im konzerninternen Benchmark kritisch hinterfragt. Zudem stellen sich für die dort eingesetzten Belegschaftsmitglieder Integrationsprobleme innerhalb des Werks, weil sie mitunter als leistungsschwach oder „Drückeberger“ wahrgenommen werden. Insofern werden in der jüngsten Zeit verstärkt Anstrengungen unternommen, Mitarbeiter mit Leistungsbeschränkungen – wie etwa Schichtuntauglichkeit – in ihren angestammten Bereichen in „produktiven“ Tätigkeiten zu halten und ein weiteres Anwachsen des „Schonarbeitsbereiches“ zu vermeiden. Insgesamt ist aufgrund der tariflichen Entgeltsicherung und der betrieblich geschaffenen Auffangposition das Risiko für die Beschäftigten gering, bei Leistungseinschränkungen und damit verbundenen Tätigkeitswechseln Einkommensverluste hinnehmen zu müssen. Ebenso werden leistungsgewandelte Mitarbeiter in der Regel im Unternehmen gehalten und müssen (bisher) nicht den Verlust ihres Arbeitsplatzes fürchten.

Darüber hinaus besteht bei STAHL ein umfassendes betriebliches Gesundheitsmanagement, das beim Vorstandsbereich Personal angesiedelt ist. Mit einem unternehmenseigenen werksärztlichen Dienst ist überdies auch von der arbeitsmedizinischen Seite ein Ansprechpartner verfügbar, der in der Belegschaft ein erhebliches Vertrauen genießt. Für Schichtarbeiter wird ein einwöchiges Seminar zum individuellen Umgang mit den Schichtwechseln, zu Ernährung und Gestaltung der Schlafumgebung angeboten. Die Teilnahme daran ist freiwillig; sie kann im Rahmen von Bildungsurlaub organisiert werden und erfordert eine geringe finanzielle Beteiligung an den Unterbringungs- und Verpflegungskosten. Diese Maßnahme hat eine vormals bestehende „Hüttenkur“ ersetzt, die einen Zeitumfang von drei Wochen umfasste und den Schichtbeschäftigten alle drei Jahre kostenfrei vom Unternehmen angeboten wurde. Für alle Beschäftigten des Werks wird darüber hinaus ein vergünstigter und wohnortnaher Besuch eines Fitness-Studios angeboten – eine Maßnahme, die aus Mitteln des tarifvertraglich eingerichteten Demografie-Fonds finanziert und nach Einschätzung betrieblicher Experten rege in Anspruch genommen wird. Neben den gesundheitsbezogenen Maßnahmen wird durch einen externen Dienstleister vor Ort in regelmäßigen Abständen eine Sozialberatung angeboten, die nicht nur zu arbeitsbezogenen Fragen, sondern auch zu persönlichen Problemstellungen, etwa Sucht, Familie oder Verschuldung, berät.

Schichtarbeit bei STAHL

In der Stahlerzeugung sind vollkontinuierlich durchlaufende Prozesse aufgrund der technischen Bedingungen notwendig: Der Betrieb eines Hochofens ist hoch komplex und kann nicht kurzfristig unterbrochen werden. An die Produktion des Roheisens im Hochofen schließen sich nachfolgend Prozesse an, die ebenfalls vollständig oder zumindest teilweise an einen vollkontinuierlichen Betrieb gebunden sind. Im Unternehmen sind dies v. a. die Bereiche Stahlerzeugung, das Warm- und Kaltwalzwerk, die Galvanik (Verzinkung) sowie die Technische Logistik. In diesen Gewerken werden vollkontinuierliche Schichtsysteme gefahren.

Arbeitszeitregelungen und Schichtarbeit im Unternehmen

Bei STAHL bestanden im Jahr 2016 insgesamt 129 Arbeitszeit- bzw. Schichtmodelle. Viele dieser Modelle sind Einzellösungen oder Lösungen für spezielle Beschäftigten- bzw. Funktionsgruppen. In den Produktionsbereichen wurde im Jahr 1995 das bis dahin praktizierte Schichtmodell mit jeweils siebentägigen zusammenhängenden Früh-, Spät- und Nachtschichtblöcken (7-7-7) durch ein kurzzyklisch rotierendes, ergonomisch angepasstes Modell mit gleichen Schichtblöcken von zwei bis drei Tagen (2-2-3) im Rahmen eines Fünf-Schicht-Systems abgelöst, dessen Basis eine tarifliche Arbeitszeit von 35 Wochenstunden ist. Ein Schichtdurchlauf erstreckt sich dabei über fünf Wochen; zwischen den drei Arbeitsblöcken à sieben Tage haben die Beschäftigten einen Block von vier und zwei Blöcke von fünf Tagen frei. Innerhalb eines Durchlaufes werden statt der tariflichen Wochenarbeitszeit (35 Stunden) nur 33,6 Wochenstunden erreicht, so dass zum Ausgleich die Schichtarbeiter pro Jahr etwa acht bis zehn zusätzliche Einbringschichten leisten müssen, die gelegentlich die Freizeitblöcke verkürzen. Diese Schichten werden in der Regel als Frühschichten abgeleistet und für Wartungsarbeiten, zur Verstärkung der Teams, für Schulungsmaßnahmen o. ä. genutzt. Mehr als 1.200 Personen, etwa 40 % der Belegschaft, sind in diesem vollkontinuierlichen Schichtsystem beschäftigt.

Insgesamt besteht in dem Werk eine differenzierte Arbeitszeitlandschaft: Während rund zwei Fünftel der Belegschaft vollkontinuierliche Schichtarbeit in den Kernbereichen der Produktion leistet, sind fast 60 % der Beschäftigten ausschließlich in Tag- und Frühschicht tätig, die sich z. B. in der Verwaltung auf Montag bis Freitag erstreckt, in anderen Bereichen aber auch das Wochenende einschließen kann. Des Weiteren existieren Wechselschicht- und Bereitschaftsdienstmodelle, die jedoch zahlenmäßig eine nur nachrangige Rolle spielen.

Neben den regulären Modellen bestehen am Standort weitere Projekte und Sonderregelungen, die die Vielfalt der Arbeitszeitpraxis vergrößern:

- Im Jahr 2016 wurde aufgrund einer engen Marktsituation die Arbeitszeit für die Vollkonti-Schichtarbeiter um 4 % gegen eine entsprechende Entgeltreduzierung verkürzt. Für die Schichtarbeiter entfiel damit die Ableistung der zusätzlichen Einbringschichten. Darüber hinaus konnte durch diese Maßnahme die Übernahme von ausgelernten Jungfacharbeitskräften in dem bisherigen Umfang gesichert werden. In der Folge wurde – auch nach Wiederanziehen der Stahl-Nachfrage – das Angebot einer freiwilligen Arbeitszeitreduzierung beibehalten und im Rahmen einer Betriebsvereinbarung erweitert und verstetigt. Derzeit kann jeder Mitarbeiter des Unternehmens Jahr für Jahr neu entscheiden, ob er/sie die Arbeitszeit um 4 % reduziert und eine entsprechende Anzahl von freien Tagen in Anspruch nimmt, über die er analog zu Urlaubstagen frei verfügen kann. Diese Regelung stößt auf positive Resonanz – nicht nur bei den in Vollkonti-Schichtsystemen Beschäftigten, sondern ebenso bei den Mitarbeiterinnen und Mitarbeitern der Verwaltung oder der Fertigung in Tagschicht.
- Zur Absicherung von krankheitsbedingten Ausfällen im Schichtbetrieb wurde überdies im Jahr 2017 eine Betriebsvereinbarung zu „Bereithalteschichten“ in Kraft gesetzt. Auf dieser Grundlage verpflichten sich Mitarbeiter freiwillig und gegen zusätzliche Vergütung, bei kurzfristigem Bedarf in ein Schichtteam einzuspringen. Zum Zeitpunkt der Auswertung lagen allerdings noch keine Erfahrungen zur betrieblichen Nutzung und zur Praktikabilität dieser Regelung vor.
- Seit dem Jahr 2016 wird zudem ein Modell erprobt, die Verteilung der Schichtarbeit stärker an individuellen Bedürfnissen zu orientieren. Zugrunde liegt dabei ein Modell, das auf chronobiologische Eigenschaften abstellt (Lerche-Eule) und bei dem Paare von jeweils zwei Partnern gebildet werden, die ihre Nacht- und Frühschichten tauschen. Das be-

deutet, die „Lerche" übernimmt die Frühschichten der „Eule" (sie arbeitet also nur noch Früh- und Spätschicht), während letztere die Nachtschichten der „Lerche" ableistet und somit nur noch Spät- und Nachtschichten wahrnimmt. Beide Partner müssen dabei sowohl in der eigenen Schichtgruppe wie auch im Team ihres Gegenparts arbeiten. In der Praxis sind dabei die „Lerchen" Mitarbeiter mit gesundheitlichen Einschränkungen, die keine Nachtarbeit mehr leisten dürfen. Die „Eulen" sind Freiwillige, die an einer vermehrten Nachtarbeit Interesse gezeigt und diese als kompatibel zu ihrem individuellen biologischen und sozialen Rhythmus erfahren haben. Diese Modellerprobung wurde für jedes Tandem zunächst auf ein Jahr limitiert und mittlerweile für das zuerst gestartete um ein weiteres Jahr verlängert. Die in das Modell einbezogenen Mitarbeiterinnen und Mitarbeiter werden arbeitsmedizinisch eng begleitet. Ein Augenmerk wird darauf gelegt, ob sich bei der „Eule" durch die vermehrte Nachtschichtarbeit Anzeichen sozialer Isolation zeigen.

Altersstruktur, Schichtarbeit und Gesundheit

Der Altersdurchschnitt der Belegschaft bei STAHL beträgt 46 Jahre. Wie die untenstehende Abbildung der Altersverteilung zeigt, sind rund zwei Fünftel der Beschäftigten älter als 50 Jahre. In den von Schichtarbeit betroffenen produktiven Bereichen ist die Altersstruktur ähnlich bzw. das durchschnittliche Alter teils noch höher als im Gesamtbetrieb.

Im Folgenden wird der Zusammenhang von Altersstruktur, Schichtarbeit und Gesundheit anhand der Verteilung von Arbeitsunfähigkeitstagen näher betrachtet.

In einer Grafik werden die AU-Daten für Schichtbeschäftigte, Personen ohne Schichtarbeit und für die Gesamtbelegschaft verdeutlicht (vgl. Abb. 11). Über alle Altersgruppen hinweg zeigt sich mit zunehmendem Lebensalter ein Anstieg der AU-Tage. Jedoch sind die in Vollkonti-Schichtarbeit Beschäftigten überdurchschnittlich stark betroffen. So übersteigt in dieser Gruppe die Zahl der AU-Tage bereits ab dem 30. Lebensjahr den betrieblichen Durchschnitt. Jenseits des 50. Lebensjahres jedoch sinkt die Zahl der AU-Tage in dieser Gruppe wieder ab und liegt bei den älteren Belegschaftsmitgliedern sogar unter dem Wert der anderen Beschäftigtengruppen. An diese Entwicklung ist die Frage zu stellen, ob sie ein Ausdruck innerbetrieblicher Selektionsprozesse ist, also diejenigen Mitarbeiter mit gesundheitlichen Einschränkungen aus den Produktionsbereichen abgezogen

Abbildung 10: Altersstruktur der Belegschaft in STAHL (2016)

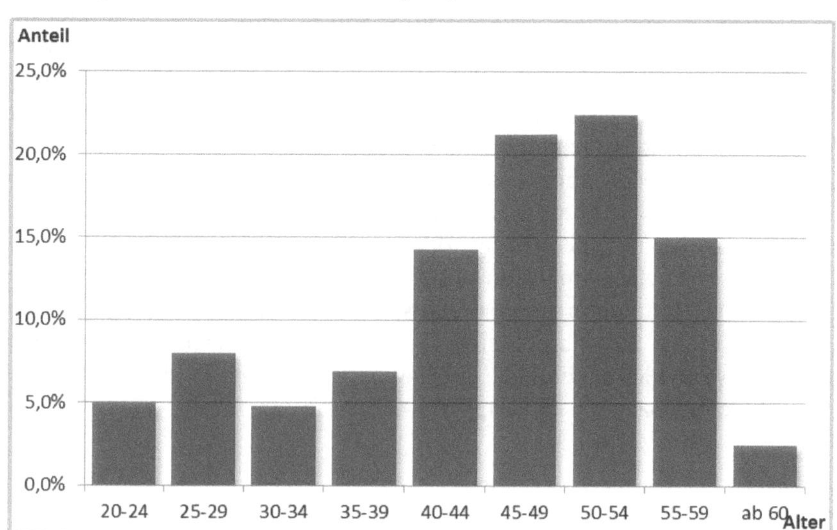

Abbildung 11: Fehltage nach Altersgruppen und Schichtarbeit bei STAHL (2016)

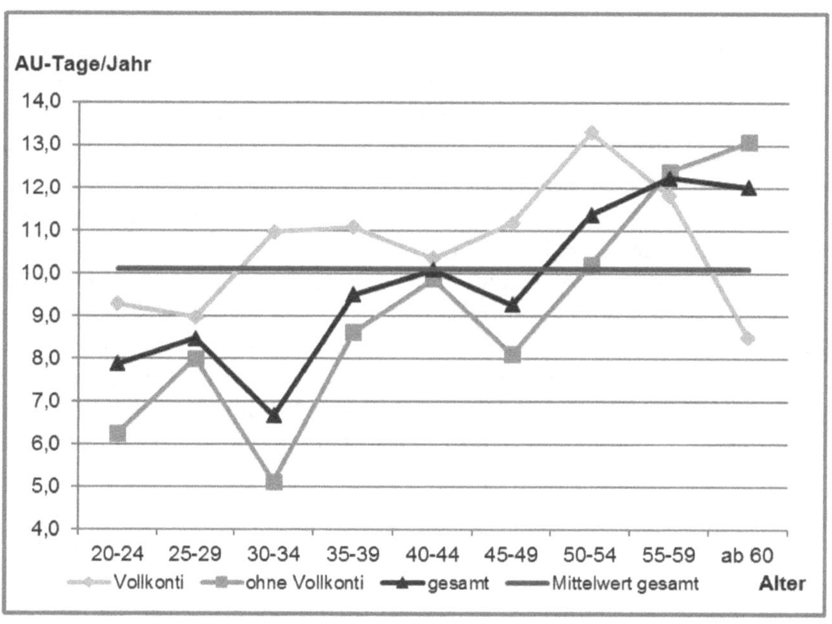

wurden und nur noch die „gesünderen Älteren“ übrig bleiben – also ob sich hier ein klassischer „Healthy-Worker-Effekt“ zeigt. Die Schaffung des Sonderbereiches für Leistungsgewandelte würde für diese Interpretation sprechen; ebenso die Tatsache, dass die Zahl der AU-Tage für die Gruppe der Mitarbeiter ohne Vollkonti-Schicht bis zum Renteneintritt kontinuierlich weiter ansteigt. In jedem Fall unterlegen die Daten, dass für die Gestaltung der Arbeitsbedingungen der in Schichtarbeit Beschäftigten besonderer Handlungsbedarf besteht. Setzt man die Verlaufskurven der AU-Daten zur Altersstruktur in Beziehung, dann zeigt sich die personal- und betriebswirtschaftliche Dimension der Aufgabe, im Betrieb „gesundes Arbeiten“ bis zum Renteneintritt zu organisieren, zumal die früheren Vorruhestandsregelungen ausgelaufen sind und über Altersteilzeitregelungen nur noch ein sehr kleiner Teil der Belegschaft vorzeitig in den Ruhestand wechseln kann (Szymanski, Lange o. J.).

Belastungserfahrungen in der Eisen- und Stahlproduktion

Generell haben technologische und arbeitsorganisatorische Innovationen dazu beigetragen, in der Eisen- und Stahlerzeugung körperliche Belastungen und negative Einflüsse aus der Arbeitsumgebung wie etwa Staub, Gase oder Hitze in den vergangenen Jahrzehnten deutlich zu reduzieren. Dennoch ist die Arbeit in den produzierenden Bereichen noch immer durch die Prozesse von Schmelzen, Gießen und Walzen großer Mengen von Metall geprägt – mit punktuell nach wie vor schweren körperlichen Tätigkeiten, mit Hitze, Staub und Lärm als Umgebungseinfluss, aber auch mit monotonen und zugleich konzentrationsintensiven Arbeiten (Überwachungstätigkeiten an Leitständen). Die Arbeitsbelastungen differenzieren sich dabei nach den unterschiedlichen Gewerken in der Produktion: So sind die Arbeitsplätze am Hochofen und in der Stahlerzeugung wesentlich stärker von Hitze und Schmutz gekennzeichnet als in den Walzwerken oder in der Galvanik, in denen stärker vollautomatisierte Prozesse gesteuert werden müssen. Nach Einschätzungen betrieblicher Experten ist bei körperlicher Schwerstarbeit bereits weitestgehend durch technische Lösungen für Entlastung gesorgt worden, auch weil diese Maßnahmen häufig unmittelbar mit der Sicherstellung des Arbeitsschutzes und der Unfallverhütung korrespondieren. Verbesserungspotenziale werden bei der Ausstattung der Leitstände gesehen, die zum Teil mit vielen Bildschirmen unübersichtlich gestaltet seien. Technologisch komplexe Lösungen seien hier schwieriger umsetzbar, weil die einzelnen Bereiche zwar über ein eigenes Budget für technische Anpassungen verfügten, allerdings die Ergonomie in Konkurrenz zu anderen Zielen stehe, wie etwa die Erhöhung der Produktivität. Generell ist festzuhalten, dass die Mitarbeiter in der Produktion des Stahlwerks häufig von einer Belastungskumulation betroffen sind: Neben den Belastungsfaktoren der Tätigkeit und der Arbeitsumgebung sind sie auch der Belastung durch vollkontinuierliche Schichtarbeit ausgesetzt.

In den Interviews mit den betrieblichen Experten und den Schichtbeschäftigten wurden die mit den eigentlichen Tätigkeiten verbundenen Belastungen allerdings eher nachrangig thematisiert. Kritisch hervorgehoben wurde von Mitarbeitern am Hochofen, im Walzwerk und in der Galvanik jedoch der Personalabbau der vergangenen Jahre und dessen Folgen für das Belastungserleben:

> „Früher hattest du, wenn dann da fünf Leute gefehlt haben, trotzdem noch deine 20 Leute. Dann hast du zehn da und zehn da. Dann kannst du von da noch drei, vier wegnehmen und zum Ofen dahinschicken oder von da nach da. Das ist alles kein Ding. Aber der Ofen, der läuft ja weiter. Du kannst ja weiterproduzieren. Wenn du jetzt sechs, sieben Leute an Ofen Zwei hast und du hast fünf Leute nur da, wo soll ich die Leute wegnehmen? Geht ja gar nicht. [...] Weißt du, so haben sie 15 Leute wegrasiert." (Mitarbeiter Hochofen)

> „Mit dem wenigen Personal. Das sind Kollegen, die auf den Steuerständen sitzen. Die müssen ja besetzt sein. Die Schlosserkollegen müssen parat sein. Das hört sich immer alles so einfach an. [....] Aber alles darum, damit man auch walzen kann, ist schon eine Herausforderung für die Kollegen, die dann gerade da sind. Wenn ich dann höre, dass diese Schichten normalerweise mit zwölf Mann besetzt sind und ich die Anlage nur fahren kann, wenn ich mindestens zehn oder elf Leute, die auch auf den Steuerständen sitzen habe und dann wieder mit nur noch acht Mann unterbesetzt ist. [...] Die Situation der permanenten Schichtunterbesetzung geht für meinen Bereich schon seit drei bis vier Jahren. Irgendwann kommen die Kollegen dann und sagen, dass es nicht mehr geht." (Mitarbeiter Walzwerk)

> „Das Personalkontingent ist sehr viel kleiner geworden. Die Arbeit ist natürlich geblieben. Man ist in der Vergangenheit mit einer Anlagenleistung von 85 % ausgegangen. [...] Jetzt sind wir [...] bei reellen 115 %. Der Arbeitsaufwand ist natürlich um einiges größer geworden, das Kontingent an Personal ist kleiner geworden." (Mitarbeiter Galvanik)

Die Thematisierung der Produktivitätsstrategie fällt nahezu durchgängig in allen Interviewgesprächen markant aus. Sie überrascht insofern, als dass die suffiziente Personalausstattung nicht nur in Pflege- und Gesundheitsberufen ein Problem zu sein scheint, sondern auch in den Kernbereichen der Industrie. Aus Perspektive von Mitarbeitern (und betrieblichen Interessenvertretern) resultieren daraus Folgen in mehrfacher Hinsicht, die insbesondere den sicheren Anlagenbetrieb, das Betriebsklima, die Gesundheit und die Work-Life-Balance betreffen:

- Ein zentraler und meist erstgenannter Kritikpunkt bezieht sich auf die Betriebssicherheit der Anlagen. Aufgrund der durchlaufenden Prozesse und der Produktionsziele des Konzerns besteht ein erheblicher Druck, auch bei knappester Personaldecke die Anlagen zu betreiben:
  „Wenn Sie Vorgesetzter wären und sie wissen, dass Sie die Anlage nicht mit sieben Mann fahren können. Was würden Sie machen? Hätten Sie den Schneid, die Anlage abzustellen?" (Mitarbeiter Walzwerk).
  Darüber hinaus leidet die Einsatzflexibilität, weil bestimmte Qualifikationen so knapp vorhanden sind, dass sie bei einem Ausfall nicht mehr innerhalb des Schichtteams ersetzt werden können – mit der Folge, dass Mitarbeiter einer anderen Schicht aus dem Arbeitsfrei hereingerufen werden müssen.
- Der Druck bleibt zudem in der Wahrnehmung der Beschäftigten nicht ohne Folgen für das Betriebsklima in den Schichtteams:
  „Dann geht das auch innerhalb der Mannschaft los: Du bist schon wieder krank? Du warst doch erst krank? Ich muss für dich mitarbeiten!" (Mitarbeiter Walzwerk).
  Die Solidarität mit gesundheitlich beeinträchtigten oder leistungsschwächeren Kollegen scheint also zu leiden. Dies ist auch deshalb von Bedeutung, weil die soziale Nähe innerhalb der Arbeitsgruppen an anderer Stelle häufig als wichtige Ressource für die Bewältigung der Arbeitsanforderungen betrachtet wird (s. u.). Das „kollegiale Miteinander" sieht eine ganze Reihe der Befragten durch den Personalabbau der vergangenen Jahre bedroht.
- Ebenso wird im Kontext der engen Personaldecke die Gesundheit der Mitarbeiter als eine überstrapazierte Ressource betrachtet: „Sie machen ihre eigenen Leute kaputt", ist das Fazit eines Befragten zur Produktivitätskultur im Betrieb. Besonders plastisch erleben dies zum Teil die operativen Führungskräfte, etwa wenn sie als Vorarbeiter sowohl in der Produktion mitarbeiten als auch Leitungsaufgaben wahrnehmen müssen. In einem Fallbeispiel berichtet eine Führungskraft, wegen der permanenten Sorge um unerledigte Aufgaben so an Schlafstörungen zu

leiden, dass sie „die Reißleine“ gezogen und die Position des Vorarbeiters zur Verfügung gestellt habe. Dieser Eindruck zunehmender Stressbelastungen wird auch von Experten aus dem Personalmanagement geteilt:
„Statt körperliche Belastungen rücken jetzt stärker psychische Belastungen und Arbeitsdruck in den Vordergrund. Früher gab es mehr Freiräume, Pausen, auch Wartezeiten. Heute müssen zum Beispiel Kranfahrer mehrere Kräne bedienen. Außerdem ist die Vielfalt der Aufgaben gewachsen.“ (Personalmanagerin).

- Ein weiterer Aspekt betrifft die Auswirkungen des Arbeitsdrucks auf die Familie und das private Umfeld, weil ein „Abschalten“ nach der Arbeit nur schwer gelingt. Als besonders belastend werden Rufe aus dem Frei empfunden, um in einer anderen Schichtgruppe krankheitsbedingte Ausfälle zu puffern, die innerhalb der Schicht aufgrund der knappen Personalbesetzung nicht mehr aufgefangen werden können:
  „Du kannst doch da nicht noch für die anderen Schichten knüppeln und dein Zuhause geht in den Arsch. Ja, ist doch so. Irgendwas verliert immer. Entweder du selbst oder deine Familie.“ (früherer Mitarbeiter Hochofen).

Die Präsenz des Themas „Personalabbau“ überrascht insofern, als dass die umfangreichen Personalanpassungen in der Hütte bereits vor längerer Zeit – in der ersten Hälfte der 2000er Jahre – erfolgt sind und der aktuelle Beschäftigungsstand in etwa dem des Jahres 2005 entspricht. Die heutigen Produktionsmengen allerdings liegen über dem Niveau des Jahres 2001 – also bevor die Belegschaftsstärke reduziert wurde. Insofern spielt offenbar das Verhältnis von Personalausstattung und Produktionsvolumen eine wichtige Rolle für die Belastungswahrnehmung der Beschäftigten.

Erfahrungen mit der Schichtarbeit

Die Interviewbefragung fand mit Mitarbeitern statt, die über langjährige persönliche Erfahrungen in vollkontinuierlicher Schichtarbeit verfügen. Sechs der Befragten waren zum Befragungszeitpunkt noch in vollkontinuierlicher Schicht tätig, die anderen zehn aufgrund einer attestierten Nachtschichtuntauglichkeit in Früh- bzw. Wechselschichtmodellen. Die durchschnittliche Schichtarbeitsdauer unter den Befragten lag bei rund 26 Jahren.

Ein großer Teil der Beschäftigten ist über viele Jahre in ein und demselben Schichtteam tätig gewesen. Durch diese relativ kleinen und dauerhaft stabilen Teams entwickeln sich nicht nur feste Muster von informellen Arbeitsteilungen und -routinen, sondern teilweise auch enge soziale Bindungen zwischen den Mitgliedern. Nicht selten wurden die Schichtteams als „zweite Familie“ charakterisiert, in denen auch über die Arbeit hinaus private Freundschaften bestanden. Wenn auch gelegentlich das „Betriebsklima“ in den Schichtgruppen durch den Personalabbau als bedroht erlebt wird, so war für die meisten Befragten „das Team“ eine wichtige Ressource für Loyalität. So wurden Beispiele geschildert, dass man trotz zunehmender gesundheitlicher Beschwerden die Schichtarbeit am angestammten Arbeitsplatz fortgesetzt habe, weil man die Kollegen nicht „im Stich“ lassen wollte.

Einschätzungen der Mitarbeiter zum bestehenden Schichtarbeitsmodell

Der bestehende Schichtplan war bei den Befragten breit akzeptiert und wurde grundsätzlich kaum in Frage gestellt. Überwiegend positiv und als entlastend wurden die schnelle Rotation und die Freizeitblöcke von vier bis fünf Tagen wahrgenommen. Nur im Einzelfall wurde argumentiert, man habe durch die kurzen Wechsel keine Zeit, sich an die jeweilige Schichtlage „zu gewöhnen“.

Die Vorteile des 2-2-3-Modells wurde v. a. durch Mitarbeiter hervorgehoben, die zum Befragungszeitpunkt nicht mehr in dem Modell arbeiteten, sondern zum Beispiel an Anlagen, die aufgrund von Auslastungsproblemen nur von montags bis freitags im Drei-Schichtmodell gefahren werden. Zwar ist dort jedes Wochenende frei, beschränkt sich aber auf die kurze Phase von zwei Tagen:

> „Der Fünferplan ist der beste Plan, den wir überhaupt hatten. Weil man davor und danach genug Tage hat, sich zu erholen. Wenn wir freitags aus der Spätschicht kommen[...]. Der Freitag ist gegessen. Dann hat man den Samstag noch, den Sonntag ist man gedanklich schon wieder – ach, Montag muss ich schon wieder hin.“ (Mitarbeiter Walzwerk)

Das Fünf-Schichtmodell produziert im regulären Durchlauf „Minusstunden“, weil nur 33,6 der tariflichen Wochenarbeitszeit von 35 Stunden erreicht werden. Die fehlenden Stunden müssen als „Einbringschichten“ zusätzlich verfahren werden. Diese Schichten wurden kaum als zusätzliche Belastung thematisiert, auch weil das normale Schichtteam durch die Einbringschichten verstärkt wird und diese personell gut besetzten Arbeitstage in der Regel als wenig anstrengend empfunden werden. Darüber hinaus hat sich diese Grundkonstellation als günstiger Ansatzpunkt für Angebote zur Arbeitszeitverkürzung erwiesen, weil bereits durch eine geringfügige Reduzierung (4 %) auf die Ableistung der Einbringschichten verzichtet werden kann und die nach Plan entstehenden Freizeitblöcke in vollem Umfang genutzt werden können. Ende 2016 nutzte knapp ein Fünftel der Vollkonti-Schichtarbeiter im Werk diese Regelung.

Wahrnehmung gesundheitlicher und sozialer Belastungen

Obgleich das Schichtarbeits*modell* als solches akzeptiert zu sein schien, wurde die Schichtarbeit *an sich* durchweg kritisch beurteilt. Bei der Interpretation der Ergebnisse ist allerdings zu berücksichtigen, dass die Interviewpartner mehrheitlich gesundheitsbedingt aus der (Nacht-)Schicht ausgeschieden waren. Sie berichteten retrospektiv über ihre Erfahrungen, die aufgrund ihrer Gesundheitsbiografie mit einem Negativ-Bias eingefärbt sind. Dennoch gab es auch Fälle, in denen ältere Mitarbeiter mit einer langen Schichtzugehörigkeit sich hoch zufrieden über ihre Arbeitssituation äußerten. Die Erfahrungen mit der Schichtarbeit wurden v. a. im Zusammenhang mit der individuellen Gesundheit sowie mit den Rhythmen des sozialen Lebens in Familie, Freundschaften und organisiertem Vereinsleben thematisiert.

Schichtarbeit und Gesundheit

Gesundheitliche Probleme im Zusammenhang mit der Schichtarbeit wurden in sehr unterschiedlichen Facetten artikuliert. In vielen Interviews wurden Befindlichkeitsstörungen beschrieben, die häufig erst unscheinbar und schleichend beginnen, mit langjähriger Schichtdauer aber ausgeprägte Einschränkungen verursachen.

> „Schichtarbeit ist wie der Frosch im Topf. Man merkt die Belastungen zu lange nicht.“ (Mitarbeiter Galvanik)

Berichtet wurde, dass Erschöpfungszustände während der Arbeit eine mit der Dauer der Schichtarbeit wachsende Rolle spielen, etwa der „tote Punkt“ während der Nachtschicht; aber auch in der Spätschicht gebe es Phasen, in denen man sich „wie betrunken“ fühle. Als dominierendes Problem wurden Ein- und Durchschlafstörungen v. a. während der Nachtschicht beschrieben. In mehreren Fällen wurde von einem erheblichen Medikamenteneinsatz berichtet:

> „Trotz Schlaftabletten konnte ich vormittags nur bis Elf, halb Zwölf schlafen." (Mitarbeiter Walzwerk)

> „Ich hab' dann teilweise Schlaftabletten nehmen müssen, damit ich überhaupt noch schlafen konnte. Aber auch die halfen nachher nicht mehr so. Und wurden dann auch nicht mehr weiter verschrieben, weil, wegen Abhängigkeit und sowas alles. Dann hat man was gekriegt gegen Depression, die zwar nicht für Depressionen sind, aber die wohl gut zum Schlafen sein sollten. Nur, damit man nicht mehr süchtig wird. [...] Ja, und dann hat man eben eine ganz kurze Zündschnur gehabt. Wenig Schlaf, Stress auf der Arbeit, Reizbarkeit. Und dann ging man nachhause. Und dann [...] der kleinste Funke, dann ging man aber wie das HB-Männchen durch die Decke." (Mitarbeiter Walzwerk)

Durch die Schlafprobleme leidet offenbar nicht nur das körperliche Wohlbefinden. Ebenso geht damit nicht selten eine Beeinträchtigung des Stimmungsgefühls und der psychischen Stabilität einher. Das Thema der mit schlechtem Schlaf verbundenen „Reizbarkeit" und ihre Folgen für das familiäre Zusammenleben wurden von verschiedenen Interviewpartnern problematisiert. Dabei wird nicht immer nur die Nachtarbeit als besonders belastend wahrgenommen. Ebenso strapazierend kann auch das sehr frühe Aufstehen während der Frühschicht wirken, weil das abendliche Einschlafen nicht einfach vorverlegt werden kann:

> „Ich bin um zwölf oder um halb eins erst ins Bett, aber um halb vier aufgestanden [...] Meine Kinder haben das ja alles selber mitgekriegt wie, dass ich nicht pennen konnte; dass ich immer auf 300 Grad war. Also, das kriegen deine Kinder mit und deine Frau natürlich auch. Was hat mein Schwager immer gesagt? Knurrhans-Schicht, das war die Frühschicht. Da durfte mich keiner ansprechen; nix." (früherer Mitarbeiter Hochofen)

In der Diskussion um Schichtarbeitsbelastungen stehen v. a. die Folgen von Nachtarbeit im Fokus. Doch auch das Arbeiten in Frühschicht zwingt die Beschäftigten, bereits in den sehr frühen Morgenstunden aufzustehen, wenn die physische Leistungsfähigkeit noch nahe am Tiefpunkt ist. Ergänzend wurde in den Interviews darauf hingewiesen, dass auch die Jahreszeit Einfluss auf das Belastungserleben nimmt: So sei in der Nachtschicht während der warmen Wetterlage der Schlaf am Tage weniger erholsam, in der

Frühschichtphase wiederum habe man im Sommer noch größere Schwierigkeiten, „rechtzeitig" einzuschlafen, wenn es abends noch hell ist.

Einige der Befragten brachten jedoch nicht nur Befindlichkeitsstörungen mit der Schichtarbeit in Zusammenhang, sondern auch zum Teil ernsthafte Erkrankungen.

> „Ich selbst hatte auch Schweißausbrüche und Magen-Darm-Probleme. Das hat sich mit der Zeit herauskristallisiert. Mir ist das alles auf den Magen und den Darm geschlagen und ich musste auch deswegen operiert werden." (Mitarbeiter Walzwerk)

In anderen Fällen wurde von psychischen Erkrankungen oder schweren Krankheiten wie Herzinfarkt und Schlaganfall berichtet, die am Ende eine weitere Arbeit im vollkontinuierlichen Schichtsystem nicht mehr zuließen. Die Belastungen der Schichtarbeit wurden von den Betroffenen zwar (meist) nicht als die eigentliche Ursache, aber doch als begünstigende Faktoren für diese Erkrankungen interpretiert. In Einzelfällen wurde auch der individuelle Umgang mit gesundheitlichen Einschränkungen und eigenen Leistungsgrenzen thematisiert, etwa im Falle eines türkischstämmigen Mitarbeiters: „In unserer Kultur muss der Mann funktionieren" (Mitarbeiter Galvanik). Aufgrund solcher soziokulturell geprägten Haltungen würden Belastungen zunächst verdrängt. In der Rückschau der von gesundheitlichen Problemen betroffenen Befragten wurden häufig die „ersten Signale" zu lange ignoriert, bis durch das Auftauchen manifester Erkrankungen die Fähigkeit zur Schichtarbeit oder die Erwerbsfähigkeit überhaupt in Frage gestellt wurden.

Schichtarbeit und soziales Leben

Schichtarbeit greift tief in die Rhythmen des sozialen Lebens ein. Sie geht nur in kurzen Zeitabschnitten kongruent mit dem alltäglichen Wechsel von Normalarbeitstag und Feierabend bzw. der Arbeitswoche und dem Wochenende. Für manche der Befragten wurde dies zu einer Belastung für partnerschaftliche Beziehungen, Familienleben und soziale Teilhabe.

> „Meine Frau ist zur Arbeit gegangen. Ich kam dann von der Arbeit. Wenn meine Tochter von der Schule kam, musste sie ganz leise sein. Ich musste meinen Schlafrhythmus dementsprechend umstellen. Es musste alles dunkel gemacht werden. Es war sehr dramatisch. Meine Frau hatte am Wochenende Angst, den Staubsauger zu benutzen." (Mitarbeiter Walzwerk)

An diesem Beispiel zeigt sich plastisch, wie nicht nur der Schichtbeschäftigte, sondern dessen ganze Familie in den Schichttakt mit seinen abweichenden Arbeits- und Erholungszeiten eingebunden wird. Es bleibt Aufgabe der individuellen Zeitgestaltung der Beschäftigten, ein Arrangement herzustellen, in dem Familien- und Sozialleben noch ihren Platz finden (Hielscher 2006). Entscheidend ist dabei, ob gemeinsame Zeitfenster dafür freigehalten werden können. Besonders während der Nachtschicht kann es zur Konkurrenz zwischen physischen Regenerationsbedürfnissen und sozialen Bedürfnissen kommen:

> „Vormittags konnte ich nur bis Elf, halb Zwölf schlafen. Hab' ich mich dann immer nachmittags wieder hingelegt. Da war natürlich der Tag für meine Frau zu Ende. Die kommt von der Arbeit, ich bin nicht da, ich liege im Bett. So. Dann eben eine halbe Stunde Abendbrot, vielleicht eine Stunde, und dann bin ich zur Arbeit gefahren. Ist natürlich auch kein Leben. Kein Familienleben." (Mitarbeiter Walzwerk)

Ähnliche Schilderungen finden sich in unterschiedlicher Form. Dabei verbindet sich nicht selten das Belastungserleben gesundheitlicher Befindlichkeitsstörungen mit der Erfahrung, von Kindern und Partnerin „abgeschnitten" zu sein.

> „Für mich war Freitag Montag. […] Ich bin für meine Frau nebenher gelaufen." (Mitarbeiter Instandhaltung)

Insbesondere, wenn Ehe- bzw. Lebenspartner ebenfalls erwerbstätig und eventuell auch in Schichtarbeit beschäftigt sind, wird die Synchronisation von Arbeits- und Sozialzeiten eine schwere Herausforderung für beide Partner.

Ausbalancierte Schichtarbeit

Unter den befragten Beschäftigten fand sich eine ganze Reihe von Personen, die trotz der Belastungen „bis zur Rente" in Schicht weiterarbeiten möchten. Dies sind zum einen solche Mitarbeiter, die zwar Befindlichkeitsstörungen durch die langjährige Schichtarbeit wahrnehmen, aber aus finanziellen Gründen, also wegen der Nachtarbeitszuschläge in Vollkonti verbleiben wollen. Sie sehen für sich keine Möglichkeit, aber auch keine zwingende Notwendigkeit, einen Ausstieg aus der Schichtarbeit anzustreben.

Eine andere Gruppe sind diejenigen, die gerne im Wechselrhythmus tätig sind: "Ich finde Schichtarbeit gut", so das Bekenntnis eines Mitarbeiters aus der Galvanik, dessen Ehefrau ebenfalls in Schicht beschäftigt ist und gelegentlich gar gegenläufige Arbeitszeiten hat. Dennoch funktioniere das partnerschaftliche Leben dank einer regelmäßigen zeitlichen Abstimmung und einer aktiven gemeinsamen Freizeitgestaltung. Ein wichtiger Faktor bestehe darin, dass innerhalb der Familie eine Akzeptanz für die Taktvorgaben der Schichtarbeit und die daraus resultierenden Regenerationsbedarfe vorhanden sei und die Schichtbeschäftigten nicht unter einen Rechtfertigungsdruck für ihre Abwesenheiten gesetzt würden. Zudem konnten diese Befragten die Abwechslung im Tagesrhythmus auch als Ressource betrachten, um in Ruhe z. B. Arztbesuche und Behördengänge zu erledigen oder Zeit für sich zu haben, wenn andere am Tage arbeiten müssen.

Ein weiterer Aspekt für die Akzeptanz der Schichtarbeit besteht offenbar auch in der aktiven Herstellung eines individuellen körperlichen Ausgleichs. Die sich als zufriedene Schichtarbeiter bezeichnenden Befragten hatten diese Aktivitäten fest in ihren Alltagsrhythmus integriert, sei es z. B. durch die regelmäßige Nutzung des betrieblich geförderten Fitness-Angebots, sei es durch tägliche Spaziergänge etc.

Nicht zuletzt wurde auch hervorgehoben, dass ein positives Klima im Betrieb und v. a. in der Arbeitsgruppe entscheidend dafür ist, dass langjährige Schichtarbeit gesund und zufrieden ausgeübt werden kann: „Man muss sich wohl fühlen in der Arbeit" (Mitarbeiter Feuerwehr). Dies sei die Basis, weshalb dieser Mitarbeiter gerne bis zur Rente im Schichtsystem arbeiten möchte. Das Wohlbefinden im Betrieb, v. a. die soziale Nähe in der Schichtgruppe, wurde als wichtige Ressource hervorgehoben, um die alltäglichen Belastungen der Schichtarbeit bewältigen zu können.

Akzeptanz von Schichtarbeit – ein Generationenproblem?

Die vorangegangenen Abschnitte haben gezeigt, dass die Entscheidung, eine Berufstätigkeit in Schicht aufzunehmen, mit enormen Konsequenzen für das Alltagsleben verbunden ist. Dies betrifft nicht nur die Schichtbeschäftigten, sondern auch deren Partnerinnen und Partner, deren Kinder und deren Freundeskreis. Bislang beruhte die Akzeptanz von Schichtarbeit in der Industrie v a. auf dem System von Zuschlägen, mit dem die atypische Arbeitszeitlage zusätzlich vergolten wurde. Nachtarbeitszuschläge sind zudem steuer- und sozialabgabenfrei gestellt und erhöhen daher „eins zu eins“ das Nettoeinkommen von Schichtbeschäftigten. Es stellt sich allerdings die Frage, ob bei den nachrückenden jungen Facharbeitergenerationen diese Akzeptanz heute noch ungebrochen vorhanden ist.

Bei STAHL werden ausgelernte Jungfacharbeiterinnen und -arbeiter nur dann in ein unbefristetes Arbeitsverhältnis übernommen, wenn sie für mindestens drei Jahre Vollkonti-Schichtarbeit in einem der Produktionsbereiche zu leisten bereit sind. Nach Einschätzungen aus dem Personalmanagement nimmt allerdings die Neigung junger Facharbeiter deutlich ab, in den Schichtbetrieb einzusteigen. Junge, qualifizierte Fachkräfte hätten das Unternehmen schon verlassen, weil sie weder zu Vollkonti- noch zu Früh-Spät-Wechselschicht bereit seien. Freizeit, soziale Kontakte, Familie rückten bei den individuellen Arbeitsplatzentscheidungen in den Vordergrund, während finanzielle Anreize an Wirkung verlören.

Darüber hinaus folgt die Personalauswahl im Unternehmen der Bestenauslese: So wurden in den vergangenen Jahren die besten 20 Auszubildenden in die Produktionsbereiche übernommen. Dieses Auswahlprinzip erweist sich allerdings als nicht unproblematisch:

> „Bei den Top 20, die sind so gut, die wollen alle noch weiterlernen und weiterkommen. Die wollen dann ihren Techniker machen – und, und, und. Und bleiben nur kurzzeitig – wenn denn überhaupt – an der Anlage. Da sollte man vielleicht nicht die Top 20 nehmen, sondern irgendwo das Mittelfeld." (Mitarbeiter Walzwerk)

Die besten Jungfacharbeiter sind den Erfahrungen zufolge für die Arbeit an den Produktionsanlagen häufig überqualifiziert und nur schwer bei STAHL zu halten, weil sie in Unternehmen mit anspruchsvolleren Positionen oder in eine berufliche Weiterqualifizierung wechseln.

Darüber hinaus ist Schichtarbeit im Werk auch nicht mehr so selbstverständlich gegeben wie in früheren Jahrzehnten. Viele Tätigkeiten wurden in die Tagschicht verlegt und die Zahl der Schicht-Arbeitsplätze massiv abgebaut. Nur noch zwei Fünftel der Belegschaft ist in vollkontinuierlicher Wechselschicht beschäftigt.

> „Von daher schwindet die Akzeptanz. Und wer mal in Tagschicht gearbeitet hat, will gar nicht mehr in Vollkonti." (Personalmanagerin)

Vor diesem Hintergrund deutet sich unter Umständen ein Nachwuchsproblem für die Schichtarbeitsbereiche an. Hinzu kommt, dass auch einige der älteren Mitarbeiter dieser Bereiche versuchen, sich intern auf Tagschicht-Arbeitsplätze zu bewerben. Insofern seien die Vollkonti-Bereiche nach Einschätzung des Personalmanagements überdurchschnittlich stark von Fluktuation betroffen.

Ausstieg aus Schichtarbeit

Ein großer Teil der Befragten verfügte über langjährige Schichtarbeitserfahrungen, war aber zum Befragungszeitpunkt bereits mindestens aus der Nachtschicht, in einigen Fällen auch ganz aus der Schichtarbeit ausgestiegen. Viele dieser Befragten waren noch immer durch die Kontrasterfahrungen nach der jahrelangen Schichtarbeit beeindruckt.

> „Dass ich auf Tagschicht gehen konnte, war im wahrsten Sinne des Wortes wie Tag und Nacht. Also mein Körper hatte die Möglichkeit zu regenerieren. Das habe ich in der ersten Woche gleich gespürt. Selbst an meiner Haut. Man soll es nicht glauben. Ich hatte Flecken, wenn ich gestresst war. Mein Magen. [...] Ich konnte essen und trinken. Und ich konnte auch Sport machen. [...] Ich hab' jetzt auch die Ambition, wieder bisschen abzunehmen. Was heißt, ein bisschen. Richtig abzunehmen und wieder Sport richtig anzufangen, wie ich das in der Vergangenheit gemacht hab. Und auch die Menschen um mich herum bestätigen ja, dass es mir besser geht." (Mitarbeiter Galvanik)

Das gesundheitliche Befinden hatte sich nach dem Ausstieg aus der Schichtarbeit nicht nur bei diesem Befragten deutlich verbessert. Die am Tage liegende Tätigkeit folgt dem Rhythmus des „Normalarbeitstages" wie auch im Wesentlichen der circadianen Rhythmik – sie schafft nach jahrelanger Schichtarbeit wieder ein Körpergefühl von Normalität, das den Schichtbeschäftigten teilweise verloren gegangen zu sein schien. Darüber hinaus wurden Energien freigesetzt, sich wieder stärker um sich selbst bzw. die eigene Gesundheit zu kümmern. Ähnliche Schilderungen wurden auch für die soziale Seite des Schichtarbeiterlebens formuliert:

> „Ich bin viel ausgeglichener. Das merkst du sofort. [...] Und jetzt zuhause. [...] Hundertprozentig. Ich mache, wozu ich Lust habe oder wozu wir Lust haben. Am Wochenende da gehen wir schön spazieren. [...] Also, das ist richtig entspannend. So ein bisschen rumbutschern wie früher. Das ist voll geil. Und die Enkelkinder freuen sich natürlich. Opa ist da. Aber irgendwie will ich wieder was gutmachen, was ich bei meinen Kindern natürlich verpasst habe. Ich bin sehr wenig zuhause gewesen und das will ich jetzt auch wieder gutmachen mit meinen Enkelkindern, dass die Opa haben." (früherer Mitarbeiter Hochofen)

> „Jetzt meistens Frühschicht. Und da bin ich dann zuhause und brauche nicht mehr pennen! Sie kann machen, was sie will zuhause. Ich kann was machen zuhause. Alles gut! [...] Man ist zuhause. Man ist ge-

> meinsam da! Und nicht, der eine pennt und ah, ich muss ja leise sein, ich kann ja gar nicht, wie ich gerne möchte." (Mitarbeiter Walzwerk)

Im Mittelpunkt der Erfahrungen steht die „Wiedergewinnung" von Alltagsleben. Die Möglichkeit, durch den gemeinsamen Alltagsrhythmus gemeinsame Zeit mit Partnerin und Familie verbringen zu können, wird als ein Gewinn an Lebensqualität beschrieben, die man bestens aus sehr fernen Zeiten kannte, nämlich bevor die Schichtarbeitsbiografie begonnen wurde. In der Rückschau wird hier eine gewisse biografische Bilanzierung deutlich: Es geht auch darum, eine durch die Anforderungen der Vollkonti-Schicht verpasste Phase des partnerschaftlichen oder familiären Zusammenlebens nun nachholen zu können.

Vorgehensweise bei „Schichtuntauglichkeit"

Angesichts dieser Schilderungen sind Einschätzungen betrieblicher Experten plausibel, dass es nur wenig realistisch ist, Mitarbeiter auf Zeit von der Schichtarbeit zu befreien und sie dann ins Vollkonti-System zurückkehren zu lassen. Es gibt auch durch die Gegebenheiten der Entgeltsicherung im Manteltarifvertrag keine Handhabe, für entsprechende Rotationssysteme die notwendige Verbindlichkeit gegenüber den Mitarbeitern herzustellen. De facto entfällt für langjährig Beschäftigte ab dem 50. Lebensjahr der finanzielle Anreiz, in Schichtarbeit zu verbleiben oder bei zeitweiser Einsatzbeschränkung dorthin zurückzukehren.

Für viele Beschäftigte, die Probleme mit der Schichtarbeit haben, ist die erste Anlaufstelle der Betriebsrat:

> „Meistens kommen die Kollegen zu uns und fragen, ob die Möglichkeit besteht, von der Schicht runter zu kommen. Weil sie nicht mehr können. Hauptgrund ist meistens dann auch die Nachtschicht. Ich sage ihnen dann, dass sie erst mal zu ihrem Hausarzt gehen sollen. Sie sollen ihm schildern, wie es ihnen geht." (Betriebsratsmitglied)

In der Regel stellt der Hausarzt ein entsprechendes Attest aus, dass keine Nachtschicht mehr möglich ist. Mit diesem Attest sucht der Mitarbeiter den Werksarzt auf und schildert dort im Rahmen eines arbeitsmedizinischen Vorsorgegesprächs seinen Fall. Der Werksarzt stellt dann gegebenenfalls eine Einsatzbeschränkung fest. Sofern eine Schicht- oder Nachtschichtuntauglichkeit vorliegt, existiert ein Gesprächsformat, in dem Vertreter der Personalabteilung, der Vorgesetzte im Bereich sowie der Betriebsrat und ggf. der Werksarzt die Einsatzmöglichkeiten im angestammten

Werksbereich und mögliche ergonomische Anpassungsmaßnahmen ausloten. Ziel ist dabei, die leistungsgewandelten Mitarbeiter in den produktiven Bereichen des Werks zu halten.

Wenn der Einsatz im angestammten Bereich nicht möglich ist, wechseln die Betroffenen in den internen Service-Bereich. Der individuelle Arbeitsvertrag bleibt unverändert bestehen. Der Service-Bereich ist ein Pool von Mitarbeitern mit verschiedenen Einsatzbeschränkungen, der mit eigener Kostenstelle als Vorstandsbereich geführt wird. Innerhalb des Service-Bereichs wird zum einen getestet, welche Aufgaben die entsprechenden Mitarbeiter noch übernehmen können. Auf der anderen Seite wird im Werk geprüft, mit welchen Leistungen die „produktiven" Bereiche unterstützt werden können, etwa im Bereich der Industriereinigung oder der Schrottlogistik. Zum Teil wird auch der kombinierte Einsatz von leistungsgewandelten Mitarbeitern und Kräften aus der Arbeitnehmerüberlassung praktiziert. Die internen Mitarbeiter können in dem Fall die Leiharbeitskräfte anleiten, während letztere die körperlich stärker belastenden Aufgaben wahrnehmen. Nach Einschätzungen des Personalmanagements gelingt es den gesundheitlich stärkeren und den besser qualifizierten Leuten gelegentlich, wieder auf Stellen in den Betrieben übernommen zu werden. Häufig werden dabei individuelle Einsatzlösungen zur Vermeidung von Nachtarbeit konstruiert.

Für die verbleibenden Mitarbeiter wird versucht, Aufgaben zu finden, die zur Gesamtwertschöpfung des Unternehmens beitragen. Dabei steht der interne Service-Bereich in Konkurrenz zu externen Anbietern:

> „Intern Dienstleistungen zu erbringen, die man sonst am Markt kaufen müsste, ist eine gute Idee, hat aber auch seine Grenzen. Sie müssen einen Deckungsbeitrag leisten. […] Wir haben Kollegen, die werden mit 33 oder 34 Euro Stundenlohn in Bereiche versetzt, die konkurrieren am Markt mit Stundenlöhnen von 17 Euro. Ich möchte auch aus Mitarbeitersicht und auch persönlich nicht in Bereiche versetzt werden, der nur noch Einfacharbeit macht, nachdem ich vorher hochkomplexe Tätigkeiten gemacht habe." (Führungskraft Personal)

Eine wirtschaftliche Rentabilität ist für diesen Sonderbereich offensichtlich nicht herzustellen; sinnvolle Betätigungen müssen zum Teil regelrecht gesucht werden. Diese prekäre Grundkonstellation innerhalb der betrieblichen Wertschöpfung ist den Mitarbeitern im Werk durchaus präsent. So bemüht sich ein Teil der Mitarbeiter dieses Bereichs, möglichst schnell wieder eine Tätigkeit in einem „produktiven" Betriebsteil aufzunehmen.

Ein Betroffener berichtet von sechs Wechseln in unterschiedliche Bereiche innerhalb von zwei Jahren:

> „Das ist unbefriedigend. Ich versuche ja schon immer durch Gespräche, meinen jetzigen Vorgesetzten dahinzukriegen, dass ich da vielleicht länger bleiben kann, [...] wenn der Betrieb Bedarf hat und der Chef sagt ‚Okay, ich behalt ihn', dann bin ich da." (früherer Feuerwehrmann)

Im Vordergrund der Bestrebungen steht hier das Ziel, durch die Dokumentation seiner Kompetenzen und seiner Arbeitsbereitschaft sowie durch die Ansprache der Führungskräfte wieder eine „reguläre" Stelle zu erhalten. Andere Mitarbeiter thematisierten die Mühe der internen Arbeitssuche jedoch kaum. Für sie war die Möglichkeit ausschlaggebend, in diesem Schonbereich mit reduzierten Belastungen weiter im Werk arbeiten zu können.

Individualisierte Schichtmodelle

Angesichts der Bestrebungen, den Sonderbereich für Leistungsgewandelte nicht weiter anwachsen zu lassen, wurden Pilotversuche unternommen, Mitarbeiter trotz einer attestierten Nachtschichtuntauglichkeit weiter im angestammten Bereich zu halten. Hintergrund ist dabei die Erkenntnis, dass das Belastungserleben der Schichtarbeit je nach „Chronotyp" sehr unterschiedlich ausfallen kann. Ausgeprägte Frühtypen erleben die Nachtschicht als besonders belastend, weil es ihnen schwerfällt, die Nacht über wach zu bleiben und morgens in den Schlaf zu finden. Umgekehrt haben „Spättypen" erhebliche Schwierigkeiten, in den sehr frühen Morgenstunden vor der Frühschicht ihren Schlaf abzubrechen und einigermaßen „fit" die Arbeit aufzunehmen. Aus der klinischen Erfahrung des Werksarztes halten sich die Schlafstörungen bei Früh- und Nachtschicht die Waage, während sie kaum mit der Spätschicht korrespondieren. An dieser Erfahrung setzt ein Pilotversuch an, Mitarbeiter entsprechend ihrer chronotypischen Prägung einzusetzen.

Das im internen Jargon „Lerche-Eule" genannte Modell beruht darauf, dass zwei Mitarbeiter jeweils ihre Früh- und Nachtschicht tauschen: Die „Lerche" übernimmt die Frühschichten und arbeitet ausschließlich in Früh- und Spätschicht, die „Eule" dagegen arbeitet ausschließlich in Spät- und Nachtschicht. Zum Befragungszeitpunkt existierten zwei solcher Tandems. In beiden Fällen hatte der Mitarbeiter, welcher die Nachtschichten abgegeben hat, aufgrund gesundheitlicher Probleme eine Nachtschichtbefreiung erhalten. Es wurde dann im Betriebsbereich nach fachlich passenden Mitarbeitern gesucht, die auf freiwilliger Basis ihre Frühschichten gegen die Nachtschicht tauschen wollten. Die Tandempartner stammen dabei aus unterschiedlichen Schichtgruppen und müssen sich qualifikatorisch entsprechen. Das Pilotprojekt war auf zunächst ein Jahr angelegt und wurde bereits für das erste Tandem um ein weiteres Jahr verlängert. Jeweils beide Mitarbeiter wurden durch intensivierte, alle drei Monate stattfindende arbeitsmedizinische Vorsorgegespräche begleitet. Nach Einschätzung des werksärztlichen Dienstes sind v. a. für die einbezogenen „Lerchen“ positive gesundheitliche Entwicklungen zu verzeichnen. Bei den „Eulen“, die vermehrt Nachtschichten leisten, seien zumindest keine manifesten negativen Effekte zu verzeichnen. Nachdem das Modell auf einer Betriebsversammlung und in der Werkszeitung vorgestellt wurde, hätten weitere Mitarbeiter ihr Interesse an einer solchen Lösung bekundet.

Eine besondere Herausforderung dieses Modells liegt darin, dass die Beteiligten einen Teil ihrer Arbeitszeit in ihrer angestammten Schichtgruppe verbringen und für den Teil der „übernommenen“ Früh- bzw. Nachtschichten die Gruppe wechseln. Dies ist zum einen für die Führungskräfte der beiden Schichtgruppen eine neue organisatorische Anforderung, weil Personalverantwortlichkeiten geklärt und Urlaub und andere geplante Abwesenheiten in zwei Schichtteams koordiniert werden müssen. Aus der Perspektive des Personalmanagements seien an dieser Stelle gelegentlich Vorbehalte bei den Führungskräften vor Ort zu verzeichnen. Allerdings gewinne das Modell dann an Überzeugungskraft, wenn erfahrene Mitarbeiter trotz einer Nachtschichtuntauglichkeit weiter im Bereich gehalten werden könnten. Zum anderen besteht aber auch auf einer informellen, sozialen Ebene die Anforderung, die jeweils sich abwechselnden Mitarbeiter in beide Schichtteams zu integrieren. Die gewachsenen Teams mit ihrer häufig engen sozialen Nähe auch für wechselnde Mitarbeiter zu öffnen, sei eine wesentliche und für die Perspektiven des Modells entscheidende Gestaltungsaufgabe:

> „Man müsste alle Schichten neu zusammensetzen. Das ist in der Umsetzungsphase ein Riesentheater. Es sind soziale Gemeinschaften, Fahrgemeinschaften, da ist erst mal großer Widerstand. Deshalb war ich dafür, erst mal einzelne Tandems zu bilden und dann gucken wir mal.“ (Personalmanagerin)

Die Perspektiven für eine Verbreiterung des Modells scheinen limitiert. Eine Reduzierung der Arbeitszeitflexibilität durch einen chronotypisch geleiteten Schichteinsatz würde eine erheblich gesteigerte Einsatzflexibilität (und das jeweilige „Matching“ von Qualifikationen) über die Schichten hinweg erfordern. Wollte man das Modell auf eine nennenswerte Anzahl von Mitarbeitern ausdehnen, wären schnell mehr oder weniger alle Betriebsbereiche und Schichtgruppen von der Umstellung betroffen. Ein solch umfassender strategischer Ansatz liegt bisher nicht vor und dürfte angesichts der nur begrenzten Bereitschaft der Mitarbeiter, ihre angestammten Teams zu wechseln, auch nur schwer umsetzbar sein.

Fazit

STAHL repräsentiert ein Arbeits- und Sozialmodell aus dem Montansektor, in welchem „schwere“ Industriearbeit sozialpartnerschaftlich gestaltet und gesundheitliche Risiken der Arbeitnehmer finanziell in einem weiten Umfang abgesichert sind. Vor diesem Hintergrund sind Auffangkonzepte für leistungsgewandelte Schichtarbeiter geschaffen worden, die in den anderen betrachteten Fallunternehmen nicht existieren. Dennoch kommt das Modell, gesundheitlich „verschlissene“ Arbeitskräfte bei Absicherung des Entgeltniveaus im Unternehmen zu halten, zunehmend unter Druck: Durch den scharfen globalen Wettbewerb im Stahlsektor gerät der Standort STAHL in ein konzerninternes Benchmarking zu internationalen Standorten, die nicht über solche Personalkonzepte verfügen. Insofern wird die „unproduktive“ Beschäftigung von Mitarbeitern im Konzern verstärkt in Frage gestellt. Darüber hinaus verliert die Entgeltsicherung des Manteltarifvertrages in dem Maße auch intern an Legitimation, wie der Eindruck entsteht, dass sie gelegentlich von Mitarbeitern „ausgenutzt“ wird, um aus der Konti-Schichtarbeit auszusteigen.

Zugleich steht STAHL vor einem handfesten demografischen Problem: Nachdem Anfang der 2000er Jahre im Zuge der Personalanpassungen v. a. die damaligen älteren Mitarbeiter über Vorruhestandsregelungen etc. abgebaut worden waren, rücken nun die damals verbliebenen jüngeren Jahrgänge in ein höheres Alter vor. Das Unternehmen steht also in den nächsten Jahren vor erheblichen Herausforderungen, die Leistungsfähigkeit der alternden Belegschaft zu erhalten und zugleich Ersatzkapazitäten für die bevorstehenden Rentenabgänge zu rekrutieren.

Die ergonomischen Standards der Arbeitsplatz- wie auch der Schichtarbeitsgestaltung scheinen auf einem hohen Niveau zu liegen. Dennoch lastet angesichts der Altersstruktur auf einem großen Teil der Belegschaft eine langjährige, mit der Schichtarbeit verbundene Belastungsbiografie. Für zukünftige Modelle in Richtung individualisierter Arbeitszeitgestaltung und für Entlastungsstrategien sind die nach wie vor sozialpartnerschaftlich geprägten Arbeitsbeziehungen im Unternehmen eine wichtige Ressource. Darüber hinaus machen für die Stahlproduktion die Personalkosten im Vergleich zu Rohstoff- und Anlagenkosten nur einen vergleichsweise geringen Anteil der Gesamtkosten aus – insofern dürften trotz der verschärften Wettbewerbssituation auch die finanziellen Spielräume für die Erprobung zukunftsfähiger Personalkonzepte als relativ günstig einzuschätzen sein.

Fallstudie STROM: Schichtarbeit in einem schrumpfenden Traditionsunternehmen

In den nachfolgenden Abschnitten wird das Fallunternehmen STROM aus der Energieerzeugung vorgestellt. Im Unternehmen spiegeln sich die sozialpartnerschaftlichen und von der Montanmitbestimmung geprägten Traditionen großer Konzerne wie auch die mit der politischen „Energiewende“ verbundenen gegenwärtigen Umbrüche in der Energiewirtschaft.

Grunddaten des Unternehmens

Die wirtschaftliche Entwicklung der stromerzeugenden Unternehmen ist v. a. durch die energiepolitischen Rahmensetzungen der letzten Jahre geprägt. Die Stromerzeugung durch Kernkraft und durch kohlebetriebene Großkraftwerke bildete über Jahrzehnte das Rückgrat der deutschen Energiewirtschaft. Mit der „Energiewende“ wurde seit 2011 jedoch der politische Rahmen neu gesteckt: So werden der Ausstieg aus der Atomenergie, die Einhaltung der klimapolitischen Ziele sowie eine größere Unabhängigkeit von Energieimporten wie Kohle, Erdöl und Erdgas gleichermaßen angestrebt. Während der Anteil fossiler Energieträger sinken soll, zielt die Novelle des Erneuerbare-Energien-Gesetzes (EEG) darauf ab, bis 2025 den regenerativen Anteil am Strommix auf zunächst 40 bis 45 % und bis zum Jahr 2035 auf 55 bis 60 % zu steigern. Durch die energiepolitische Neuausrichtung geraten die Betreiber kohlebetriebener Kraftwerksblöcke unter Druck, ihre Geschäftsmodelle und Unternehmensstrukturen zu reorganisieren. In diesem Wandel steht aktuell auch das Fallunternehmen STROM.

Die empirische Basis für die folgende Fallbeschreibung bilden zwei Kraftwerkstandorte in Westdeutschland. Das Unternehmen STROM ist ein bundesweit und international operierender Konzern im Bereich der Erzeugung und Vermarktung von Energie mit einem Schwerpunkt in der Kohleverstromung. Die historischen Wurzeln von STROM reichen bis in den Bergbau der ersten Hälfte des 20. Jahrhunderts zurück. In den vergangenen 15 Jahren hat es mehrfache Aufspaltungen und Übernahmen des Unternehmens durch neue Muttergesellschaften gegeben. Zum Konzern mit etwas mehr als 6.000 Beschäftigten (2016) gehören acht Kohle- bzw. Gaskraftwerke sowie rund 200 kleinere Anlagen zur Erzeugung von Strom und Fernwärme aus regenerativen Energiequellen.

Vor dem Hintergrund der oben angedeuteten Rahmenbedingungen entwickelt sich das Geschäft der Kohleverstromung im Inland seit Jahren rückläufig. Aus den Kosten der Kohleverstromung ergibt sich ein bestimmter Arbeitspreis für den Strom, der von verschiedenen Faktoren, v. a. aber von den Rohstoffpreisen abhängig ist. Sobald der Arbeitspreis geringer ist als der aktuelle Börsenpreis, speisen die Kraftwerke in das Netz ein und können Umsätze erlösen. Aufgrund der schwankenden Börsenpreise für den Strom kann sich die Erlöslage nahezu täglich verändern. Erst bei einer Mindestzahl an Tagen „am Netz“ können die Gesamtkosten eines Kraftwerks (Rohstoffe, Personal, Instandhaltung etc.) refinanziert und Gewinne erzielt werden.

Trotz steigender Strompreise für die Verbraucher sind die Erlöse für die Stromerzeuger zwischen den Jahren 2009 und 2018 um mehr als ein Viertel von 8,6 auf 6,2 Cent pro Kilowattstunde[7] gesunken. Gegenüber Strom aus regenerativen Quellen wird es daher zunehmend unwirtschaftlich, kohlebetriebene Kraftwerksblöcke mit ihren Rohstoffkosten am Netz zu halten. Vor dem Hintergrund der klimapolitischen Ziele sind zudem Großkunden wie die Deutsche Bahn dazu übergegangen, ihren Strombedarf bei Anbietern von Strom aus rein regenerativen Energiequellen zu decken. Infolgedessen hat STROM mehrere Kohlekraftwerke, darunter auch einen der beiden untersuchten Standorte, zur Stilllegung angemeldet. Der Übertragungsnetzbetreiber kann die Stilllegung eines Kraftwerks dann untersagen, wenn diesem Block als Reservekapazität eine Systemrelevanz für das Stromnetz zugesprochen wird. Dieser Fall ist bei einem der untersuchten Standorte eingetreten, für den eine Stilllegung für einen Zeitraum von zwei Jahren untersagt wurde. In dieser Zeit läuft das Kraftwerk im Reservebetrieb, d. h., es muss auf Anfrage des Netzbetreibers innerhalb von Stunden angefahren werden können, bleibt aber in der Regel nur für kurze Zeit im Betrieb, um Nachfragespitzen beim Netzbetrieb abzupuffern. Um diese Kapazität sicherzustellen, muss die Anlage grundsätzlich mit dem normalen Personalstamm besetzt sein.

Angesichts der Marktentwicklung befinden sich die Energieerzeuger mit traditionellen großtechnischen Anlagen an ihren deutschen Standorten in einem Schrumpfungsprozess, der auch durch den Aufbau zahlreicher kleiner Anlagen zur regenerativen Stromerzeugung nicht gestoppt

---

7 Vgl. https://1-stromvergleich.com/strom-report/strompreis/ (Aufruf am 25.4.2018, eigene Berechnung.).

werden konnte. Im Unternehmen STROM etwa wurde die Mitarbeiterzahl zwischen 2014 und 2016 um ca. 5 % reduziert, wobei einem deutlichen Personalabbau in Deutschland Zuwächse an ausländischen Standorten gegenüberstehen.

Bei anstehenden Standortschließungen wird den älteren Beschäftigten ab dem 57. bis 58. Lebensjahr angeboten, bei fortlaufender Entgeltzahlung bis zum Renteneintritt von der Arbeit freigestellt zu werden. Gesundheitlich beeinträchtigte Mitarbeiter werden meist in diese Regelung einbezogen. Das Unternehmen zahlt in dieser „Vorruhestands"-Phase etwa 70 bis 80 % des bisherigen Arbeitsentgeltes. Diese Regelungen knüpfen an eine Tradition des Bergbaus an, welcher seinen Beschäftigten unter Tage bereits mit 55 Lebensjahren oder früher den Austritt aus dem Berufsleben ermöglicht hat. Zur Finanzierung dieses Modells dient ein bereits langfristig bestehender „Härtefall"-Fonds. Die jüngeren Mitarbeiter werden auf andere Kraftwerkstandorte umverteilt. Kommt es daraufhin dort zu Personalüberhängen, so können auch an diesen Standorten die älteren Mitarbeiter den betrieblichen Vorruhestand in Anspruch nehmen. Die Details zur Umsetzung an den jeweiligen Standorten werden vom Betriebsrat, der Konzernleitung und dem betrieblichen Sozialwesen verhandelt. Auf dieser Basis werden zum einen betriebsbedingte Kündigungen auch bei Standortschließungen vermieden, zum anderen besteht für gesundheitlich beeinträchtigte ältere Mitarbeiter eine Brücke, über die sie vorzeitig aus dem Erwerbsleben ausscheiden können. STROM setzt also angesichts der Schrumpfungsprozesse und im Einvernehmen mit den Beschäftigten eher auf die Finanzierung einer solchen Exit-Strategie als auf eine möglichst langfristige Erwerbsintegration. Ein Mitte der 2000er Jahre installiertes „Integrationsteam" für leistungsgewandelte Mitarbeiter wurde nach einigen Jahren wieder aufgelöst.

Im Unternehmen sind Programme zur Förderung der Gesundheit seit langem etabliert und durch ein entsprechendes Sozial- und Gesundheitsmanagement unterlegt. Im Bereich der betrieblichen Gesundheitsförderung hält das Unternehmen ein breit gefächertes Programm bereit. Kernelemente sind dabei

- eine Gesundheits- und Sozialberatung, die den Beschäftigten zu arbeitsbezogenen, gesundheitlichen oder privaten Problemen offensteht und durch einen Mitarbeiter und eine Mitarbeiterin des Gesundheits- und Sozialmanagements an zwei Tagen pro Woche und Standort durchgeführt wird,
- eintägige Workshops (z. B. Rücken, Umgang mit Belastungen etc.) oder Vorträge zur Ernährung und Schlafumgebung,

- Sportgruppen (Fahrrad, Laufen, Nordic-Walking, Aqua-Fitness), die in der Freizeit aktiv sind, zudem verfügt einer der Standorte über ein Schwimmbad und einen Fitnessraum auf dem Betriebsgelände,
- das Angebot leichter, gesunder Kost in der Kantine,
- eine Präventionswoche, die als einwöchiges Seminar in einer Urlaubsregion durchgeführt wird. Im Zentrum stehen dabei Ernährung, Entspannung, Bewegung. Diese Maßnahme wird in Kooperation mit der Krankenversicherung durchgeführt.

Die Teilnahme an der Präventionswoche wird vollständig als Arbeitszeit angerechnet. Die betrieblichen Experten berichten davon, dass dieses Angebot deutlich stärker nachgefragt wird, als Plätze vorhanden sind. Eine Auswahl der Interessenten müsse auch unter dem Aspekt erfolgen, dass die Besetzungsstärke der Schichtteams an den Kraftwerksanlagen nicht gefährdet werden dürfe. Die außerhalb der Arbeitszeit angesiedelten Angebote werden deutlich schwächer in Anspruch genommen:

> „Viele denken wie ich: Wir machen unsere Arbeit und wollen in der Freizeit in Ruhe gelassen werden." (Kraftwerksmitarbeiter)

Hier zeigt sich eine Scheidelinie, über die die Akteure der betrieblichen Gesundheitsförderung auch aus den anderen Verbundunternehmen berichten. Offenbar ist die Neigung gering, nach Dienstschluss noch im betrieblichen Kontext „private" Aktivitäten zu betreiben. Manche Beschäftigte argumentieren zudem, dass sie wegen der ohnehin knapp bemessenen Freizeit und etwaiger Fahrzeiten auf dem Arbeitsweg möglichst schnell nach Hause möchten.

Organisation, Personalausstattung und Arbeitsanforderungen im Kraftwerksbetrieb

Für den Betrieb des Kraftwerks sind technisch qualifizierte Mitarbeiter notwendig, die drei unterschiedlichen Bereichen zugeordnet sind:

- Die so genannten **„Fahrerteams"** bilden das Rückgrat der Produktion. Sie steuern und überwachen die Prozesse an den zentralen Anlagen des Kraftwerks, insbesondere am Heizkessel. Angesichts der komplexen Kraftwerkstechnologie sind für die Arbeit in diesen Teams spezialisierte Qualifikationen notwendig. So verfügt ein Teil der Mitarbeiter über die Fachqualifikation zum Kesselwärter, die einen gewerblich-technischen Ausbildungsabschluss voraussetzt, oder zum Kraftwerker, eine weiterführende zweieinhalbjährige Ausbildung. In beiden Fällen sind längere Erfahrungen in der Bedienung von Kraftwerksanlagen Voraussetzung. Zusätzlich sind mehrmonatige Einarbeitungszeiten an den jeweiligen Anlagen eines Kraftwerkstandortes notwendig, um insbesondere die Leitstände sicher bedienen zu können. Darüber hinaus sind jedem Fahrerteam Fachkräfte mit einer elektrotechnischen Ausbildung zugeordnet. Diese Produktionsteams machen gut ein Fünftel der Gesamtbelegschaft aus und werden in gleich großen Schichtgruppen in vollkontinuierlicher Wechselschicht an den Anlagen eingesetzt.

- Einen weiteren Arbeitsbereich bildet die **Anlagentechnik**, die für den Aufbau, etwaige Anpassungen und Umrüstungen sowie für die technische Betriebssicherheit der Anlagen zuständig ist. Hier sind v. a. gewerblich-technische Fachkräfte für Mechanik und Elektrik eingesetzt. Die Mitarbeiter aus der Anlagentechnik sind im Tagschicht- oder Zweischichtbetrieb tätig. Ebenso muss die Bekohlung, d. h. die Anlieferung, Lagerung und die Versorgung der Kessel mit Kohle, sichergestellt werden. Die Bekohlung ist in den vergangenen Jahren von einem dreischichtigen Modell auf einen Zwei-Schicht-Betrieb zurückgefahren worden.
- Der dritte für den Kraftwerksbetrieb notwendige Bereich ist die **technische Instandhaltung**, in der ebenfalls Fachkräfte mit einer gewerblich-technischen Qualifikation (Mechaniker, Elektriker) tätig sind. Die Instandhaltung ist für Reparaturen und Wartungsarbeiten zuständig, die im Betrieb der Anlage fortlaufend auftreten. Allerdings wurden aufgrund der nur noch begrenzten Betriebsperspektive der Kohlekraftwerke die Instandhaltungs- und Reparaturarbeiten auf ein Minimum reduziert, mit der Folge, dass in der Instandhaltung Arbeitsplätze abgebaut werden. Darüber hinaus wurden diese Teams in den Kraftwerken zu einer technischen Service-Gesellschaft zusammengefasst mit dem Ziel, nicht nur als interner Dienstleister zu fungieren, sondern auch am externen Markt durch die Akquise von Aufträgen eigene Erlöse zu erwirtschaften. Durch diese Maßnahme wurde jedoch auch das Binnenverhältnis zwischen Produktion und Instandhaltung einer Ökonomisierung unterworfen:

> „Der für das Teilbudget verantwortliche Ingenieur gibt einen Auftrag zur Reparatur ab. Dann kommt der Instandhaltungsmann und sagt, dass er hier acht Stunden gebraucht hat. Dann sagt er, warum denn das? Früher hast du immer nur vier gebraucht. [...] Das ist ein Konflikt, den das Unternehmen in meinen Augen dort

in die Betriebe geworfen hat. Aus ganz hoher Flughöhe heraus." (Führungskraft)

Zum Befragungszeitpunkt wurde an einem der Standorte intensiv an der Erprobung kommunikativer Mechanismen gearbeitet, um die Abstimmung und das budgetgetriebene Konkurrenzverhältnis zwischen den Bereichen Instandhaltung und Produktion zu verbessern. Die Instandhaltung muss bei technischen Störungen unmittelbar ansprechbar sein. Die dortigen Mitarbeiter sind sowohl im Wechselschicht- wie auch im Kontibetrieb eingesetzt.

In den beiden untersuchten Kraftwerken waren im Jahr 2016 105 bzw. 106 Mitarbeiter sowie eine Mitarbeiterin beschäftigt – der Betrieb und die Wartung von Kraftwerksanlagen scheint eine nach wie vor ungebrochene Domäne männlicher Industriearbeit zu sein. Die Belegschaften an beiden Standorten sind dabei von Alterung stark betroffen: Rund zwei Fünftel an dem einen bzw. zwei Drittel der Beschäftigten an dem anderen Kraftwerk sind älter als 55 Jahre. Insofern bestehen bei vielen Mitarbeitern erhebliche Belastungsakkumulationen über die Schichtarbeitsbiografie hinweg; zudem scheiden viele Mitarbeiter in den nächsten Jahren aus. Die Fahrerteams in der Produktion umfassten im Jahr 2016 je 40 bzw. 43 Personen. Sie sind dabei an jedem Standort in vier Schichtteams zu je zehn bis elf Personen aufgeteilt, die im vollkontinuierlichen Betrieb die Stromerzeugung sicherstellen und dafür eine Mindestbesetzung der Anlage mit mindestens sieben Fachkräften organisieren müssen. Jedes Schichtteam ist selbst verantwortlich, den Betrieb mit der Mindestbesetzung zu gewährleisten. Aufgrund der geringen Größe der Teams sind die Flexibilitätsspielräume z. B. für die Verplanung von Ausgleichstagen (s. u.) oder für die kurzfristige Gewährung von Urlaub gering. Die Teams organisieren sich eigenständig und arbeiten weitgehend unabhängig voneinander, so dass die Koordinierung oder der Tausch von Schichten über die Teams hinweg in der Praxis kaum bzw. nur im Ausnahmefall eine Rolle spielt.

Die Personalausstattung für die einzelnen Kraftwerksstandorte wird anhand eines idealtypischen Musterkraftwerks ermittelt.

> „[Der Block] hat 83 Leute. Und 55 oder 60 ist das, was man für so einen Einzelblock als idealtypischen Ansatz nimmt. Dann hat der eine Abweichung von 23 Mann und die muss er einzeln begründen. Er kann dann sagen, dass er keine Bekohlung wie ein idealtypisches Kraftwerk hat. Idealtypisches Kraftwerk liegt an der See mit einem 100.000 Tonnen Schiff. Da kommt ein Bagger und fährt das Ding leer. Wir haben Zugentladung. Wir haben Platzbetrieb und er braucht also mehr

> Leute als der. Dann hat er nicht so die Automatisierung. Dann hat er die 23 Leute einzeln begründet. Diese Begründungen musste man natürlich durchfechten." (Führungskraft)

Das Referenzkraftwerk benötigt unter optimalen Standort- und Technologiebedingungen eine Mindestzahl an Personal. Ein über diese Referenzzahl hinausgehender realer Personalbedarf an den Standorten muss für jede Stelle detailliert argumentiert und mit der Konzernleitung verhandelt werden. Sowohl von Führungskräften wie auch von den Beschäftigten wird die Erfahrung berichtet, dass in den operativen Bereichen der Kraftwerke in den vergangenen beiden Jahrzehnten massiv Personal abgebaut worden ist. Für die Planungen an den einzelnen Standorten sind die Strukturvorgaben des Konzerns bestimmend:

> „Man kann sagen, dass das jetzt alles schematisiert ist. Da braucht man keine große Planung mehr zu machen. Man muss nur noch Abweichungen diskutieren" (Führungskraft)

Aufgrund der Vorgaben sind die personellen und strategischen Handlungsspielräume für die Leitungskräfte an den Standorten gering. Selbst für Nachbesetzungen von freiwerdenden Stellen müsse beim Konzern „Überzeugungsarbeit" geleistet werden.

Die Arbeit der Produktionsteams ist v. a. durch Überwachungstätigkeiten am Leitstand geprägt. Der Kraftwerksleitstand umfasst in der Regel mehrere Arbeitsplätze mit einer Vielzahl an großflächigen Monitoren, die die Prozessdaten der Anlage (z. B. Temperatur-, Druck- und Abgaswerte) sowie den Betriebszustand abbilden. Zum Teil werden die Kraftwerksblöcke über verschiedene Leitstände (Pulte) gefahren, für die eine jeweilige spezielle Qualifizierung notwendig ist. Darüber hinaus sind regelmäßige Rundengänge erforderlich, bei denen einzelne Baugruppen und Anlagenteile (z. B. wichtige Ventile) oder Brennprozesse am Kessel vor Ort überprüft werden. Bei einer vollen Besetzung sind in der Regel zwei Personen am Leitstand sowie fünf Kraftwerker auf den Rundengängen tätig. In jedem Fall sind sowohl der Leitstand wie auch die Anlage permanent mit Fachkräften besetzt, so dass bei abweichenden Kontrollwerten oder Fehlermeldungen sofort eine örtliche Prüfung erfolgen kann.

Nach Einschätzung der operativen Führungskräfte ist eine mehrjährige Erfahrung notwendig, um die Anlage umfassend verstehen und bedienen zu können. D. h., die Kraftwerker sind hochspezialisiert auf „ihre" Anlage, für die sie ein auf Erfahrung beruhendes, zu großen Teilen implizites Expertenwissen verfügen. Sie können bei einem Wechsel in ein anderes Kraftwerk diese Berufserfahrung keineswegs unmittelbar einbringen, sondern müssen für eine längere Zeit wieder „von vorn“ anfangen.

In den Fahrerteams wird die Verteilung zwischen Arbeiten am Pult und den Rundgängen in der Anlage unterschiedlich gehandhabt. Während sich in manchen Teams die Mitglieder regelmäßig zwischen diesen Tätigkeiten abwechseln, bilden sich in anderen Gruppen verfestigte Spezialisierungen heraus. Für eine Rotation zwischen den verschiedenen Tätigkeiten ist darüber hinaus auch die Qualifikationsstruktur innerhalb der Arbeitsgruppe von Bedeutung:

> „Wenn ein anderer Pultfahrer da ist, kann man sich die Schicht auch teilen. Dann macht man eine Hälfte draußen und eine Hälfte drinnen. [...] Wir haben zwei Leitstände. [...] Manche können den einen fahren und den anderen nicht. Manche können auch beide fahren. [...] Wenn Sie es können und noch einer von den Unglücklichen sind, die beide Blöcke fahren können, kommen sie da gar nicht mehr raus. Manchmal sitzt man da wochenlang und wird nicht abgelöst.“ (Mitarbeiter Kraftwerk)

Nicht immer verfügen die Teammitglieder über alle Qualifikationen, um sich gegenseitig abzulösen, oder sie sind der Leitstandarbeit psychisch nicht gewachsen – „Die wären zu nervös“ (Mitarbeiter Kraftwerk). Bei den kleinen Fahrerteams, die in der Praxis nur mit sieben bis acht Personen an der Anlage sind, wird es daher schwer, durchgehend Tätigkeits- und Belastungswechsel zu organisieren.

Schichtarbeitsmodelle bei STROM

Die Wartungs- und Reparaturarbeiten der Instandhaltung sowie die technischen Bauarbeiten der Anlagentechnik können in der Regel zeitlich so verlagert werden, dass sie in Tag- oder Wechselschicht organisiert werden. Die Tagschicht wird entweder als Frühschicht von 6 bis 14 Uhr oder von 7 bis 15 Uhr abgeleistet. Manche Fach- und Führungskräfte (z. B. Meister) verfahren eine an das Vollkonti-Modell angelehnte Dauerfrühschicht in Sieben-Tage-Blöcken. Wechselschicht-Modelle beschränken sich auf eine Früh- und Spätschichtfolge von 6 bis 14 Uhr bzw. von 14 bis 22 Uhr. Lediglich für die Fahrerteams aus der Produktion besteht ein vollkontinuierliches Wechselschichtsystem, auf das im Folgenden näher eingegangen werden soll.

Die 43 bzw. 40 Mitarbeiter in den Fahrerteams der beiden Kraftwerksstandorte sind auf jeweils vier Schichtgruppen zu zehn bis elf Personen aufgeteilt. Zu jeder Schichtgruppe gehören ein Teamleiter sowie Mitarbeiter mit einer Kesselwärter- bzw. Kraftwerkerausbildung. Zudem muss auf jeder Schicht neben den Kraftwerkern mindestens ein Elektriker an der Anlage präsent sein. Auf Basis dieses Vier-Schicht-Systems arbeiten die Teams in einem kurzzyklisch vorwärtsrollierenden 2-2-3-Modell jeweils in Sieben-Tage-Blöcken. Früh-, Spät- und Nachtschicht dauern acht Stunden und beginnen jeweils um 6 Uhr, 14 Uhr und 22 Uhr. Innerhalb der Arbeitszeit wird eine bezahlte Pause gewährt. Dieses Modell wurde Mitte der 2000er Jahre eingeführt und hat ein vormaliges System mit sieben gleichen Schichten in Folge abgelöst.

Durch das Vier-Schicht-Modell wird strukturell Mehrarbeit produziert: Innerhalb eines vier-wöchentlichen Durchlaufs werden 168 Stunden gearbeitet, die tarifliche Wochenarbeitszeit von 38 Stunden wird dabei um 16 Stunden überschritten. Diese Differenz wird in Form von Ausgleichstagen gewährt. Zwar sollen diese Ausgleichstage zeitnah genommen werden, faktisch werden sie aber von den Beschäftigten häufig wie Urlaub behandelt und nicht bei der Schichtplanerstellung von vornherein eingeplant. Aufgrund des Standardplans verlassen die Mitarbeiter die Nachtschicht am frühen Morgen und müssen nach dem freien Wochenende 72 Stunden später, innerhalb der Woche sogar nach 48 Stunden wieder zur Frühschicht antreten.

Abbildung 12: Schichtplan STROM auf der Basis eines Vier-Schicht-Modells

	Schichtplan 2/2/3																											
	Woche 1							Woche 2							Woche 3							Woche 4						
	Mo	Di	Mi	Do	Fr	Sa	So	Mo	Di	Mi	Do	Fr	Sa	So	Mo	Di	Mi	Do	Fr	Sa	So	Mo	Di	Mi	Do	Fr	Sa	So
Früh																												
Spät																												
Nacht																												

An einem der Standorte besteht darüber hinaus eine Sonderregelung: Dort wird der Sonntag über zwei Zwölf-Stunden-Schichten (von 6 bis 18 Uhr bzw. 18 bis 6 Uhr) abgedeckt. Aufgrund dieser Maßnahme können hier zwei Sonntage innerhalb von vier Wochen arbeitsfrei gestellt werden.

Theoretisch wäre das kurzrotierende Schichtsystem auch auf der Basis von fünf Schichtgruppen wie im Unternehmen STAHL durchführbar. Jedoch wäre dies aus Sicht von Führungskräften bei STROM unter einer Beibehaltung der festen Schichtteams nicht realisierbar. Bei 40 bis 43 Produktionsbeschäftigten würden auf jede Gruppe dann nur noch acht bis neun Teammitglieder entfallen und bei Berücksichtigung von krankheitsbedingten Ausfällen und Urlaubsabwesenheiten sei eine Mindestbesetzung von sieben Fachkräften an der Anlage nicht mehr zu gewährleisten.

Der rollierende Schichtplan wird in den Teams ohne große Abweichungen oder individuelle Sonderregelungen gefahren. Alle Mitarbeiter der Produktionsteams beider Standorte sind in Vollzeit beschäftigt (nur ein Mitarbeiter von beiden Standorten ist in der Instandhaltung in Teilzeit tätig). Aufgrund des durchlaufend rollierenden Plans können die Beschäftigten langfristig voraussehen und planen, an welchen Terminen sie welche Schicht zu verfahren haben.

Erfahrungen mit der Schichtarbeit

Zufriedenheit mit dem Schichtmodell bei STROM

Seit mehr als zehn Jahren wird in der Produktion von STROM mit dem kurzzyklisch vorwärtsrotierenden Vier-Schicht-Modell gearbeitet. Im Unterschied zum Unternehmen STAHL, welches den Schichtzyklus auf Basis eines Fünf-Schicht-Modells durchführt, fallen die Bewertungen des Arbeitszeitmodells hier sehr durchwachsen aus. Vereinzelt wird argumentiert, dass die Belastungen der Schichtarbeit in den vormaligen langen Schichtfolgen durch die Mitarbeiter als leichter wahrgenommen wurden. V. a. der lange Freizeitblock am Ende des Durchlaufes wurde in einer rückblickenden Bewertung positiv hervorgehoben. Dieser Ansicht stehen jedoch auch deutlich positive Erfahrungen mit dem kurzzyklisch rotierenden Modell gegenüber. Hier werden v. a. eine erleichterte soziale Abstimmung sowie der nur noch kurze Nachtschichtblock als Vorteile genannt.

Weitgehend übereinstimmend rücken die relativ kurzen Wechsel zwischen dem Nachtschicht- und dem Frühschichtblock in den Mittelpunkt der kritischen Beurteilungen. Besonders markant fallen diese Bewertungen an dem Kraftwerksstandort aus, dessen Schichtmodell keinen weiteren freien Tag durch eine sonntägliche Zwölf-Stunden-Schicht generiert.

> „Zurzeit haben wir den Nachteil, dass wir immer aus der Nachtschicht in die freien Tage gehen. Dadurch verlieren wir schon mal mindestens einen halben Tag an Freizeit. Man muss ja schlafen. Wie könnte man diese Blöcke also vergrößern, damit diese Entspannungsphase dementsprechend ein oder zwei Tage mehr wäre?“ (Mitarbeiter Kraftwerk)

> „Das alte Modell war für mich besser, weil ich mehr Freizeit hatte. Im ersten Jahr hat mir der neue Plan gefallen. Ich habe aber dann ge-

> merkt, dass er viel eher den Arbeitgebern dient. Statt einer Freizeitbeschäftigung nachzugehen, verbraucht man die gesamte Energie auf der Arbeit, da man die beiden freien Tage zur Regeneration benötigt." (Mitarbeiter Kraftwerk)

> „In den letzten Jahren wurde es schlimmer. Die Freizeit zwischen dem Schichtwechsel ist zu kurz. Früher hatten wir außerdem nicht denselben Druck." (Mitarbeiter Kraftwerk)

Die Fokussierung der freien Tage auf die Regeneration der Arbeitskraft steht im Mittelpunkt nicht nur dieser Beispiele. Auch Beschäftigte, die im Grunde individuell mit dem schnell rotierenden Modell gut zurechtkommen, kritisieren die kurzen Freizeitblöcke. Hinzu tritt das Argument, dass der Arbeitsalltag sich heute deutlich verdichteter darstellt als zu früheren Zeiten. Allerdings werden bei dieser Betrachtung die Ausgleichstage für die strukturelle Mehrarbeit im Schichtmodell meist nicht berücksichtigt: Da das Schichtmodell in einem vier-wöchentlichen Durchlauf 16 Stunden Mehrarbeit produziert, fallen zwar über ein ganzes Jahr gerechnet durchschnittlich fast zwei zusätzliche freie Tage im Monat an, mit denen u. U. die Freizeitblöcke vergrößert werden könnten. Eine systematische, zeitnahe Verplanung dieser Ausgleichstage soll zwar angestrebt werden, kann sich in der Praxis allerdings nur bedingt durchsetzen. Zum einen betrachten die in Schichtarbeit Beschäftigten diese Tage wie individuell disponiblen Urlaub, der nicht selten „aufgespart" und zu größeren Freizeitblöcken aggregiert wird. Damit stehen diese Tage faktisch nicht mehr für einen kleinteiligen Belastungsausgleich zur Verfügung. Zum anderen muss eine Verplanung der Ausgleichstage der praktisch notwendigen (Mindest-)Besetzung der Arbeitsteams Rechnung tragen, d. h., in Zeiten mit hohen krankheits- und urlaubsbedingten Abwesenheiten können die für den Schichtplan verantwortlichen Teamleiter die Ausgleichstage gar nicht verteilen.

Experten verweisen zudem auf die Vielschichtigkeit der kritischen Grundhaltungen zum Arbeitszeitmodell:

> „Wir haben jetzt nach 15 Jahren noch Leute, die darauf beharren, dass sie mit diesen kurzrotierenden Systemen überhaupt nicht klarkommen. […] Teilweise stecken da auch ganz andere Motivationen dahinter. Wenn man eine Ehefrau hat, die klassische Wechselschicht im Wochenrhythmus fährt, ist das nicht mehr kompatibel. Das ist von der sozialen Seite auch ein großer Belastungsfaktor. Dann klappt das mit dem Auto nicht mehr." (Betriebsarzt)

Die Beurteilungen der Schichtarbeit im Allgemeinen wie auch des bestehenden Schichtmodells hängen von der konkreten Passfähigkeit des Modells zur individuellen Situation, von der Schichtarbeitsbiografie wie auch von den veränderlichen familiären Anforderungen und Konstellationen im Lebensverlauf ab. Darüber hinaus verweisen betriebliche Akteure auch auf eine unterschiedlich starke Präsenz der Arbeitszeitfrage an den verschiedenen Standorten hin.

> „Da müssen Sie auch den Mikrokosmos der Standorte kennen. Das ist ein anderes Diskussionsmilieu. Das andere Kraftwerk diskutiert so Schichtmodelle recht intensiv. Sie haben aber mit das größte Einführungshemmnis. Die halten sich dann auch alle für Fachleute. Hier wird das in der Betriebsversammlung zur Diskussion gestellt und dann wird darüber abgestimmt. Wenn das dann 51 zu 49 steht, wird das mit 51 % eingeführt. Dann haben sie zwei Wochen Knatsch und in der dritten und vierten Woche kommen die Ersten und sagen, dass das ja doch fantastisch ist." (Führungskraft)

Während an einem der untersuchten Standorte das Arbeitszeitmodell als relativ fraglos gegeben hingenommen werde, komme es am anderen Standort immer wieder zu Diskussionen und zum Ausdruck von Unzufriedenheit mit dem Schichtmodell, ohne dass sich jedoch dabei eine Veränderungs- oder Optimierungsperspektive durchsetzen könne. Zur Erklärung wird von den Akteuren eine standortbezogene, über Jahrzehnte gewachsene größere „Diskussionsfreudigkeit" und Interessenheterogenität unter den Schichtbeschäftigten herangezogen (s. u.).

In der Gesamtschau der Antworten überrascht die deutlich kritischere Haltung gegenüber dem Arbeitszeitmodell als beispielsweise im Unternehmen STAHL, das nach dem gleichen Rotationsprinzip verfährt – mit dem Unterschied, dass der Schichtdurchlauf dort auf fünf statt vier Wochen bzw. Schichtgruppen verteilt wird. Die Schichtarbeit bei STROM wird als ein deutlich engeres Korsett wahrgenommen, mit wenig Zeiten für Regeneration, Familie und Freizeit.

Wahrnehmung gesundheitlicher und sozialer Belastungen der Schichtarbeit

Sowohl die Schichtbeschäftigten wie auch die betrieblichen Experten berichten über gesundheitliche und soziale Belastungserfahrungen. Die Kumulation der Belastungen über die Arbeitsbiografie hinweg wird dabei als besondere Anforderung wahrgenommen:

> „Sobald die Leute über 50 sind, wird es einfach zunehmend schwierig. Es wird subjektiv schwierig, weil die Leute vermehrt Schlafprobleme haben. Jeder, der Nachtschicht fährt, baut ein Schlafdefizit auf. Keiner, der Nachtschicht fährt, schläft ausreichend. Ab 50 merkt man deutlich, dass die subjektive Problematik zunimmt. Dann nehmen auch andere Krankheiten zu: Herzkreislauferkrankungen, Herzinfarkt, Schlaganfall oder halt auch bösartige Erkrankungen. Da sagen wir dann, dass Wechselschicht mit Nachtschicht ein eindeutig destabilisierender Faktor ist." (Betriebsarzt)

Aus Sicht der Mitarbeiter stellen insbesondere Einschlafprobleme nach der Nachtschicht ein sich über die Schichtarbeitsjahre verschärfendes Problem dar. Dies kann zum einen aus dem kollektiven Alterungsprozess der Schichtteams erklärt werden, mit dem eine wachsende Dauer der Schichtarbeitsexposition einhergeht und sich so die Belastungen kumulieren. Zum anderen werden die oben bereits angesprochenen mangelnden Erholungszeiten ins Feld geführt:

> „In den letzten Jahren wurde es schlimmer. Die Freizeit zwischen dem Schichtwechsel ist zu kurz." (Mitarbeiter Kraftwerk)

Für manche Mitarbeiter wird nicht nur die Nachtarbeit, sondern auch die Frühschicht mit der wachsenden Schichtarbeitsdauer ebenfalls zu einer Belastung.

> „Ich merke seit ein paar Jahren, dass ich auch mit der Frühschicht immer stärkere Probleme habe. Ich stehe um halb fünf auf. Wahrscheinlich wird man da in einer Tiefschlafphase geweckt. Eine Stunde länger würde viel ausmachen. Vor zwanzig Jahren war das viel einfacher." (Mitarbeiter Kraftwerk)

Die um sechs Uhr beginnende Frühschicht zwingt die Mitarbeiter, bereits zu einem Zeitpunkt ihre Nachtruhe zu beenden, der ihnen chronobiologisch widerstrebt. Den Erfahrungen der Befragten zu Folge war dies in jüngeren Lebensjahren deutlich leichter zu bewerkstelligen als in einem höheren Lebensalter. Die Chancen, dieses auch arbeitswissenschaftlich erkannte Problem durch einen späteren Frühschichtbeginn zu entschärfen, sind gering, weil dafür die als besonders belastend empfundenen letzten Stunden der Nachtschicht in den Morgen hinein verlängert werden müssten. Hierin liegt ein Zielkonflikt, der kaum gelöst werden kann, solange zu jedem

Zeitpunkt des Tages eine gleiche Schichtbesetzung an der Anlage notwendig ist.

Die Schilderungen der Belastungswahrnehmungen müssen jedoch im Kontext der Arbeitsbedingungen an der Kraftwerksanlage betrachtet werden. So wurde die Arbeit am Leitstand als zwar körperlich leicht, aber monoton und psychisch anstrengend beschrieben, insbesondere während der Nachtschicht:

> „V. a. wenn es keine Zwischenfälle gibt. Irgendwann kommt der tote Punkt, da bist Du totmüde. Aber Du musst ja die Anlage trotzdem im Auge behalten." (Mitarbeiter Kraftwerk)

> „Du wirst irgendwann müde und musst Dich hinstellen. Hinter das Pult und hinter den Stuhl. Dann musst Du mit dem Schlaf kämpfen. Manchmal ist das ganz schlimm." (Mitarbeiter Kraftwerk)

Die Arbeit am Leitstand ist eine sitzende und bewegungsarme Tätigkeit. Sie macht es besonders schwierig, der nächtlichen Müdigkeit gegenüber standzuhalten. Die Schichtteams haben sehr unterschiedliche Praktiken, was die Wechsel zwischen Leitstandarbeit und Rundengängen angeht. Während in manchen Teams regelmäßig abgewechselt wird, haben andere eine Trennung der Arbeit zwischen „Rundengängern" und „Pultfahrern".

Eine besondere Belastungssituation trete überdies dann auf, wenn das Kraftwerk während der Nachtschicht angefahren werden muss. In diesen Situationen ist nach den Erfahrungen der Mitarbeiter höchste Konzentration am Leitstand gefordert und an der Anlage sei wegen der Befüll- und Anheizprozesse am Kessel anstrengende körperliche Arbeit zu leisten.

Auch die Pausensituation wurde mitunter kritisch thematisiert. Ablöseregelungen würden nicht richtig funktionieren, wenn kein qualifiziertes Personal für eine Ablösung an der Anlage präsent sei. Der Pausenraum könne häufig nicht aufgesucht werden, wenn sich dadurch die Abwesenheit vom Leitstand verlängere. Im Ergebnis werde die Pause von den Pultfahrern häufig vor den Monitoren des Leitstands verbracht.

Eine weitere wichtige intervenierende Variable für das Belastungserleben der bei STROM beschäftigten Schichtarbeiter ist der allumfassend wahrgenommene Personalmangel in den Kraftwerken. Diese Wahrnehmung wird nicht nur von den Schichtbeschäftigten geäußert, sondern ebenso von den befragten Experten und Führungskräften geteilt.

> „Ein durchschnittliches Kraftwerk in der Region hatte früher 320 bis 340 Mitarbeiter. Jetzt sind wir bei 80 bis 90. Das ist schon dramatisch. Das ist auch nicht mehr Jammern auf hohem Niveau. Das ist

wirklich so. Das ist ganz hart auf Kante genäht. Da darf auch wirklich keiner mehr krank werden und keiner mehr ausfallen." (Betriebsarzt)

Mit dem weiter oben beschriebenen Verfahren zur Personalbemessung wird eine Personalpolitik der unteren Linie realisiert. Krankheitsbedingte Ausfälle führen zu Einschränkungen bei der Freizeit- und Urlaubsplanung sowie bei den Entnahmemöglichkeiten der Ausgleichstage.

> „Der Urlaub kann kaum mehr genommen werden, weil andere Mitarbeiter krankheitsbedingt ausfallen. Z. T. werden Angestellte aus dem Urlaub zurückgerufen." (Mitarbeiter Kraftwerk)

> „Wir sind jetzt viel weniger Leute. Regulären Urlaub zu machen ist jetzt sehr schwierig. Der Stressfaktor ist jetzt für alle höher." (Mitarbeiter Kraftwerk)

> „Früher war es viel einfacher. Wir waren viel mehr Leute im Team und es war deshalb viel leichter, Urlaub zu bekommen. Wenn man abends eingeladen wurde, konnte man spontan Urlaub nehmen. Das geht jetzt nicht mehr, weil einfach zu wenig Leute da sind." (Mitarbeiter Kraftwerk)

Generell wird die Personaldecke als zu dünn wahrgenommen. An einem der beiden Standorte sind überdies die Schichtteams der Produktion von Ausfällen durch Langzeit-Erkrankungen betroffen, die bei einer offenen Wiedereingliederungsperspektive bisher nicht durch Neueinstellungen kompensiert werden konnten. In der Folge ist nicht nur die Planung des Jahresurlaubs erschwert. Ebenso bestehen kaum Spielräume, bei kurzfristigen Bedarfen Urlaubstage zu nehmen, ohne den Betrieb der Anlage zu gefährden. Führungskräfte im Unternehmen verweisen darauf, dass aus genau denselben Gründen die Bemühungen häufig scheitern, auf eine zeitnahe Entnahme der Ausgleichstage für die schichtbedingte Mehrarbeit hinzuwirken. Weitergehende Überlegungen, etwa die Einführung eines Fünf-Schicht-Modells seien aufgrund der personellen Situation nicht realistisch. Es verdichtet sich insgesamt das Bild, dass durch den Personalabbau an den Kraftwerksanlagen die Belastungen der Schichtarbeit verschärft bzw. die notwendigen Puffer für Entlastungen nicht mehr realisiert werden können.

Neben die gesundheitlichen Aspekte treten die Beeinträchtigungen des sozialen Lebens, die unweigerlich mit der Schichtarbeit verbunden sind.

> „Mein Schichtzyklus rotiert, bei meiner Freundin ändert sich der Dienst jeden Monat. Deshalb kann man kaum langfristig planen, mal

abgesehen von den Urlaubszeiten. Man muss sich mit dieser Situation arrangieren. Das ist aber für die Beziehung belastend. V. a. der Freundeskreis ist aber durch Schichtarbeit stark eingeschränkt." (Mitarbeiter Kraftwerk)

„Ich habe eine kranke Frau zu Hause. Sie hat viele Arzttermine. Man muss versuchen, das gut zu organisieren. Die Ärzte sind bei ihrer Terminvergabe ja auch nicht so flexibel. Meine Frau fährt nicht Auto. Ich muss sie deshalb fahren." (Mitarbeiter Kraftwerk)

Die Koordination mit Lebenspartnerin oder Freundeskreis ist durch die wechselnde Arbeitszeitlage ohnehin erschwert. Kommen spezifische Anforderungen hinzu, etwa Schichtarbeit oder Erkrankung der Partnerin, gerät die Organisation des privaten Lebens zu einem prekären Jonglieren, welches neben den körperlichen Befindlichkeitsstörungen vielfach als weitere Belastung der Schichtarbeit empfunden wird.

Durch das enge Korsett des Schichtmodells geraten nicht nur die Alltagsabläufe, sondern auch die verfügbaren freien Zeitblöcke unter Druck:

„Ich habe nur einen Samstag im Monat frei. Da wird dann alles draufgelegt, z. B. Familienbesuche. Vereinsleben ist im Schichtdienst gar nicht möglich. Ich kann nicht mal auf die Versammlungen kommen." (Mitarbeiter Kraftwerk)

Häufig werden in den längerfristig feststehenden freien Wochenenden die sozialen Aktivitäten verdichtet. Diese Komprimierung kann zugleich als Aufwertung wie auch als Abwertung der freien Zeit gedeutet werden. Die Freizeitblöcke werden aufgewertet, weil sie einen Nachholeffekt für die sozialen Kontakte und gemeinschaftlichen Aktivitäten im Familien- und Freundeskreis bedeuten. Doch sind diese Freizeitblöcke auch Gegenstand von vielfältigen Erwartungen aus dem privaten sozialen Umfeld. Sie unterliegen dann der Gefahr einer Abwertung, wenn sie überfrachtet werden und letztendlich in einen ruhelosen „Freizeitstress" für die Schichtbeschäftigten einmünden.

Trotz der häufig thematisierten Belastungen waren an den beiden untersuchten Standorten kaum Mitarbeiter mit einer attestierten Schichtarbeits- bzw. Nachtschichtuntauglichkeit anzutreffen. Aus betriebsärztlicher Perspektive liegt dieser Umstand auch darin begründet, dass kaum alternative Einsatzmöglichkeiten im Unternehmen bestehen.

„Früher gab es auch Schonarbeitsplätze, wo man angeschlagene Kollegen unterbringen konnte. Die gibt es einfach nicht mehr. Pförtner, Telefonisten oder Boten sind überall eingespart worden. Die sind gar nicht mehr da. Bei vielen Firmen hängt vorne an der Pforte ein Telefon und da steht, dass man bitte seinen Ansprechpartner wählen soll. Dann hängt da eine Liste. Früher hat man mit dem Pförtner geredet. Telefonisten gibt es auch nicht mehr. Jede Firma hat heute eine digitale Telefonanlage." (Betriebsarzt)

Systematische Auffanglösungen für Mitarbeiter mit Einsatzbeschränkungen wie etwa beim Unternehmen STAHL bestehen bei STROM nicht. Bei vorliegenden schweren Erkrankungen und Einsatzbeschränkungen werden eher individuelle Lösungen für einen vorzeitigen Übergang in Rente angestrebt.

„Wenn jemand ein Problem hat, kann er sich melden. Wenn einer mal ein echtes Problem hat, findet man da auch eine temporäre Lösung. Sodass er nicht so schrecklich auf der Nachtschicht fahren muss." (Führungskraft)

Die Lösungen für Mitarbeiter mit Einsatzbeschränkungen sind einzelfallbezogen und sie sind zeitlich limitiert. Strukturelle und dauerhaft angelegte Auffanglösungen existieren nicht. Der Fokus der Personalpolitik im Unternehmen liegt eher darauf, ältere und leistungsgewandelte Mitarbeiter freizustellen. Komplementär dazu richtet sich auch die Orientierung der Mitarbeiter darauf, deutlich vor Erreichen der Regelaltersgrenze den arbeitgeberseitig finanzierten Vorruhestand in Anspruch nehmen zu können. Insofern dominiert eher eine Einstellung des „Durchhaltens", bis man bei der nächsten Runde des Personalabbaus „an der Reihe ist".

Begrenzte Bestandsperspektive – Fessel für die Personalpolitik

Eine weitere Besonderheit unterscheidet das Unternehmen STROM von den anderen hier dargestellten Fallbeispielen: Vor dem Hintergrund der Energiewende mit ihrer Abkehr von fossilen Brennstoffen ist der Konzern dazu übergegangen, den Betrieb seiner großen Kohlekraftwerke Schritt um Schritt einzustellen. All diese Kraftwerksblöcke – einschließlich der untersuchten Standorte – verfügen über eine nur noch sehr begrenzte Bestandsperspektive. Dies hat zur Folge, dass es schwerfällt, qualifizierte Fachkräfte für den Personalersatz zu finden – der aber nötig ist, so lange die Anlagen noch am Netz sind.

„Die jungen Bürger, also die potentiellen Kandidaten für uns, sind natürlich auch politisch zumindest so viel interessiert, dass sie mitbekommen, dass Kohlekraftwerke 2050 nicht mehr opportun sind; politisch nicht opportun. [...] Sie sehen, dass sie in eine Branche gehen, die politisch permanent diskutiert wird und das ist natürlich auch nicht hilfreich." (Führungskraft)

Aufgrund der politischen Diskussion um den Klimawandel und die Rolle der Kohlekraftwerke hat das Unternehmen an öffentlichem Image und damit in der Konkurrenz zu anderen Branchen an Attraktivität als Arbeitgeber verloren. Zudem kann Nachwuchskräften auch kaum eine dauerhafte Bleibeperspektive geboten werden.

„Letztes Jahr wurde ständig über die Schließung des Betriebs gesprochen. Junge Leute haben sich den Betrieb angesehen, aber da ist es ja klar, dass die sich woanders umsehen. [...] Es werden immer nur Jahresverträge geschlossen, die eventuell verlängert werden. So kann man keine Familie gründen oder sich ein Haus oder eine Wohnung anschaffen." (Mitarbeiter Kraftwerk)

Durch die Befristung der Arbeitsverträge gelingt es kaum noch, junge Fachkräfte ins Unternehmen zu holen. Hinzu treten die notwendigen erheblichen Qualifizierungsleistungen, die die Fachkräfte erbringen müssen, bis sie vollwertig als Kraftwerksfahrer einsetzbar sind. Dieses Investment bei den prekären Rahmenbedingungen für die Existenzsicherung auf sich zu nehmen, sind nur wenige Beschäftigte bereit.

Doch nicht nur für die Rekrutierungspolitik, auch für das Binnenklima hat die Schließung der Großkraftwerke Folgen. Nach mehrfachem Wechsel der Eigentümer sowie vielfachen internen Reorganisationsmaßnahmen wird allgemein über das Gefühl des Niedergangs der eigenen Firma berichtet und der Verlust ehemaliger Größe als Stromproduzent und wichtiger Gewährleister des Industriestandortes Deutschland beklagt.

„STROM verkauft heute Strom unter dem Entstehungspreis. Die Stromerzeuger waren früher reiche Firmen. Die hatten große finanzielle Spielräume. Die konnten viel möglich machen. Das ist heute einfach vorbei. Die Spielräume werden immer enger. Sowohl was die Personaldecke angeht als auch die finanziellen Spielräume." (Betriebsarzt)

„Man muss auch immer sagen, dass die Leute teilweise 20 oder 30 Jahre im Betrieb, im Unternehmen und am Standort sind. Das ist ja eine zweite Familie. Wenn in der Familie etwas nicht stimmt, geht das einem schon nahe." (Mitarbeiter Kraftwerk)

> „Mein Beruf macht mir im Prinzip ja auch durchaus Spaß. Bloß früher hat er mehr Spaß gemacht. Da gab es noch nicht die Existenzängste und die ständigen Strukturveränderungen." (Mitarbeiter Kraftwerk)

Die engen Bindungen der Mitarbeiter an die Firma als die „zweite Familie" sind offenbar nachhaltig gestört. Durch die Reorganisationsmaßnahmen, den Personalabbau und die Schließungspolitik scheint der psychologische Vertrag, das Verständnis von „Geben und Nehmen" im Arbeitsverhältnis brüchig zu werden. Die angesprochenen Motivationsverluste waren in den Interviewgesprächen allgegenwärtig. Sie gründen sich weniger auf den Wandel des Berufs oder auf das Verhalten der Führungskräfte am Standort, sondern auf einen als tiefgreifend empfundenen Wandel der Unternehmenskultur im Gesamtkonzern.

Die Schwierigkeit von Veränderungsprozessen

STROM ist ein montanmitbestimmtes Unternehmen mit einer langen sozialpartnerschaftlichen Tradition. In der Regel werden interne Reorganisationsmaßnahmen nicht gegen den Willen der Beschäftigten an einem Standort oder einer der Betriebsparteien durchgesetzt. Bei heterogenen Interessen in der Belegschaft kann daraus jedoch auch ein Hemmschuh für Veränderungsprozesse erwachsen. Seitens der Führungskräfte aus dem Personalwesen wie auch der Führungskräfte an beiden Standorten wurden die Schwierigkeiten hervorgehoben, Veränderungsprozesse bei der Organisation der Arbeit oder der Arbeitszeit durchzusetzen.

> „Man muss sagen, dass die Experimentierfreudigkeit und Flexibilität der Mitarbeiter sowie der Mitbestimmung und der Unternehmensführung am Ende da auch ein Stück weit begrenzt sind. Das liegt daran, dass wir nur sehr wenig Einigkeit bei den Mitarbeitern herbeiführen können. Da gibt es immer schon einen Dissens auf der Ebene und dann sehen sich Betriebsrat und Unternehmensleitung auch ein Stück weit überfordert, eine Entscheidung zu treffen. Weil man sich auch immer gegen einen Teil der Belegschaft entscheidet. Man lebt daher immer mit so einer latenten Unzufriedenheit." (Führungskraft)

Offenbar scheuen die Akteure sowohl auf Management- wie auch auf Betriebsratsseite davor zurück, Entscheidungen in einem konfliktären Kontext zu treffen und durchzusetzen. Dabei bestehen nach Einschätzung der Akteure erhebliche Spielräume, das Arbeitszeitmodell an den jeweiligen Standorten dezentral zu gestalten. Das Problem besteht eher darin, dass nur selten eine eindeutige und breite Mehrheit für ein bestimmtes Modell zu finden ist.

> „Die Abfragen, die wir am Standort gemacht haben, waren immer mit 48 % dafür und mit 51 % dagegen oder umgekehrt. Immer eine knappe Entscheidung, sodass man nie mit gutem Gewissen sagen kann, dass man etwas macht, was die Allgemeinheit positiv mitträgt und denen zugutekommt. Man hat immer eine fast gleich große Menge, denen man einfach keinen Gefallen tut." (Führungskraft)

Das Problem für das Management besteht darin, dass es angesichts der engen Personaldecke auf die Motivation der Belegschaft angewiesen ist, um die Betriebsfähigkeit der Anlage aufrecht zu erhalten. Insofern sind für größere Teile der Teams unpopuläre Maßnahmen kaum durchzusetzen.

> „Die Führungskraft braucht eine intakte Mannschaft. Die braucht die Unterstützung von den Mitarbeitern. Die bekommst du nur, wenn du Ruhe und Frieden auf der Grube hast. Wann du das nicht hast, läuft nichts. Dann macht auch eine Führungskraft nichts. Die kann dann tuten, wie sie will. Da läuft nichts mehr." (Mitarbeiter Kraftwerk)

In der Konsequenz besteht die Paradoxie darin, dass sich Management und Betriebsrat einerseits kaum noch in der Lage sehen, Entscheidungen bzw. Vereinbarungen zu treffen, ohne die Belegschaften umfassend zu befragen, diese Befragungen andererseits aber auch nur selten handlungsrelevante Ergebnisse produzieren.

Gelegentlich wurde taktisch trickreich vorgegangen, um in punkto Arbeitszeitgestaltung ergonomisch gebotene Schritte in die Praxis umgesetzt zu bekommen:

> „Als wir die kurzrotierenden Systeme eingeführt haben, haben wir die Mitarbeiter ganz bewusst nicht gefragt, ob sie das wollen. Es war klar, dass wir dann eine Ablehnung bekommen. Auf der anderen Seite haben wir gesagt, dass wir die Mitarbeiter mitnehmen müssen. Wir haben dann praktisch zwei kurzrotierende Systeme zur Auswahl gestellt. Dann ist ein Mitspracherecht der Mitarbeiter da und sie können nicht sagen, dass es von oben aufgedrückt wurde. Es war aber klar, dass ein kurzrotierendes System kommt." (Betriebsarzt)

Gelegentlich führt die Kombination aus Uneinigkeit in der Belegschaft, Misstrauen gegenüber Veränderungen und mangelndem Durchgriff der Führungskräfte zu Selbstblockaden, wie am folgenden Beispiel deutlich wird: An einem der untersuchten Standorte war von Mitarbeiterseite wiederholte Kritik am (zu) kurzen Wochenendblock nach der Nachtschicht formuliert worden. Vor diesem Hintergrund wurde ein alternativer Schichtplan entwickelt, der diesen Wochenendblock vergrößert, dafür aber einen längeren Frühschichtblock und einen auf vier Nächte verlängerten Nachtschichtblock in Kauf nimmt. Es wurde zudem eine Erprobungsphase und eine Rückholbarkeit des bisherigen Plans angeboten. Für die Einführung des Modells wurde eine Befragung der Mitarbeiter zur Voraussetzung gemacht. Nach intensiven Diskussionen in den Schichtteams wurde das Schichtmodell in der Befragung schließlich mehrheitlich abgelehnt. Das Ergebnis der Abstimmung hinterließ sowohl bei den Führungskräften wie auch bei den betrieblichen Interessenvertretern Ratlosigkeit, schien doch vor der Abstimmung das Interesse der Beschäftigten an einer Lösung groß.

An diesem Beispiel zeigt sich nicht nur die grundlegende Schwierigkeit, Veränderungen an Arbeitszeitmodellen vorzunehmen, weil sie immer in gewohnte Alltagsroutinen und private Arrangements eingreifen. Es illustriert auch im speziellen Fall von STROM das Bedürfnis vieler Beschäftigter nach Stabilität angesichts drohender Standortschließungen, möglichen Versetzungen und dem Wunsch, unbeschadet den Sprung in den Vorruhestand zu schaffen.

Fazit

Das Unternehmen STROM steht für ein Modell industrieller Schichtarbeit in einer Branche, die sich von einer einstmals prosperierenden Leitbranche der deutschen Wirtschaft, nämlich Bergbau und Energieerzeugung, zu einem – was die Kohleverstromung anbelangt – absterbenden Wirtschaftszweig entwickelt hat. Die Last der Schichtarbeit an den großen Kraftwerksblöcken vergrößert sich unter der Kombination von Personalabbau, alternden Belegschaften und der ständig drohenden Schließung der Standorte. Das bestehende Vier-Schicht-System wird durch die knappe Personaldecke zu einem straffen Korsett für die Schichtbeschäftigten mit nur wenig Spielräumen, jenseits des langfristig geplanten Jahresurlaubs situativ zu „atmen“ und sich kurzfristig Freizeit- und Regenerationszeiten zu organisieren. Personelle Spielräume für Entlastungen sind nicht vorhanden bzw. sie werden nicht genutzt, weil Unternehmen und Mitarbeiter sich auf eine arbeitgeberseitig finanzierte Aussteuerung der älteren Beschäftigten orientieren.

Als Gestaltungsperspektive wird von den Führungskräften über die Erhöhung der Einsatzflexibilität der Mitglieder in den Fahrerteams und über eine Aufweichung der starren Teamstrukturen nachgedacht. An einem der

Standorte wurden etwa die Elektriker in den Fahrerteams zu Kraftwerkern qualifiziert, so dass sie auch den Leitstand fahren können und in der Folge die Schichtbesetzung reduziert werden konnte. Weitergehende Überlegungen gehen dahin, Mitarbeiter als „Springer" verstärkt in verschiedenen Schichtgruppen einzusetzen.

Bei einer Erhöhung der internen Einsatzflexibilität und der teamübergreifenden Organisation der Schichtbesetzungen würden die Spielräume zwar wachsen, krankheitsbedingte Ausfälle zu puffern oder gar ein flexibleres Fünf-Schicht-Modell zu organisieren. Diesen weiter reichenden Überlegungen wird jedoch von den selbigen Akteuren nur eine geringe Realisierungschance eingeräumt. Als zu hoch werden die gegen Veränderungen stehenden Beharrungskräfte in einer Belegschaft eingeschätzt, die sich ohnehin schon als Verlierer der konzerninternen Reorganisationen der letzten Jahre sieht.

Schichtarbeitsbiografien – eine Typologie

Die betrieblichen Fallstudien haben aufgezeigt, dass die unternehmens- und branchenspezifischen Bedarfe, die Regelungsformen und die Umsetzung der Schichtarbeit sehr vielfältig sind. Die unternehmensbezogene Falldarstellung wird in diesem Abschnitt durch die Perspektive auf die Schichtarbeitsbiografien der Beschäftigten ergänzt. Dabei wird danach gefragt, welche individuellen Faktoren des Arbeitslebens, der Gesundheit sowie des persönlichen und familiären Umfelds dazu beitragen, dass Schichtarbeit über das gesamte Berufsleben hinweg mit Wohlbefinden ausgeübt werden kann oder welche Bedingungen dazu führen, dass die Beschäftigten Schichtarbeit nicht mehr ausüben können oder wollen.

Zunächst werden einige Charakteristika der Arbeitszeitpraxis in den Fallunternehmen rekapituliert, die wichtige Faktoren für die Anforderungen und die Belastungen der Beschäftigten darstellen. Im Anschluss werden die biografischen Erfahrungen der Beschäftigten mit der Schichtarbeit dargestellt und zu einer Typologie verdichtet.

In einer vergleichenden Betrachtung der Fallunternehmen können unterschiedliche „Profile“ skizziert werden, was die Belastungen, aber auch die Ressourcen der Schichtarbeitsregelungen anbelangt. Zunächst wird dabei deutlich, dass **Schichtarbeit nicht gleich Schichtarbeit** ist: Die Häufigkeit von Nachtarbeit ist z. B. in den vollkontinuierlichen Systemen bei STROM und STAHL am größten, während sie in KLINIK am geringsten ausgeprägt ist, weil die Nachtschichten dort deutlich schwächer besetzt werden können als die Tagschichten.

Auch die den Schichtbeschäftigten faktisch zur Verfügung stehenden **Regenerationszeiten** unterscheiden sich deutlich. So verfügen etwa bei KLINIK und METALL die Mitarbeiterinnen und Mitarbeiter nur über wenig zeitliche Puffer, weil sie häufig zu Mehrarbeit bzw. Einspringen aus dem Dienstfrei herangezogen werden. Bei KLINIK jedoch wird dieses Problem durch das hohe Maß an Teilzeitarbeit abgemildert. Die Regenerationszeiten bei STROM sind dadurch eingeschränkt, dass die Ausgleichstage nur bedingt zeitnah verteilt werden bzw. aus Personalmangel nur schwer verteilt werden können. Bei STAHL hingegen profitieren die Schichtbeschäftigten durch ein Fünf-Schichtmodell, das von vornherein eine größere Zahl arbeitsfreier Tage vorsieht.

Arbeitszeitverkürzung durch Teilzeitarbeit ist eine Möglichkeit, innerhalb des Schichtsystems die Zahl der Arbeitstage zu reduzieren und ein größeres Maß an Regenerations- und Freizeit zu gewinnen. Sie wird – branchentypisch – insbesondere in KLINIK in großem Umfang genutzt. Doch auch bei STAHL nutzen viele Schichtbeschäftigte das Angebot einer freiwilligen, wenngleich geringfügigen Arbeitszeitreduzierung, um rund zehn zusätzliche freie Tage im Jahr zu gewinnen. Bei STROM spielt Teilzeitarbeit in der betrieblichen Kultur überhaupt keine Rolle; ebenso wenig bei METALL, das in der jüngeren Zeit auf eine Ausweitung der Betriebszeiten setzt und an einer möglichst umfassenden Nutzung der Arbeitskraft seiner Mitarbeiter interessiert ist.

Die Möglichkeit, durch **Beteiligung** auf die eigene Arbeitszeit Einfluss zu nehmen, verringert bei Schichtbeschäftigten die wahrgenommene Belastung (Beermann 2010). Unter den untersuchten Fallbetrieben können lediglich bei KLINIK die Beschäftigten umfassend die Lage ihrer persönlichen Arbeitsschichten variieren. Bei METALL werden die Möglichkeiten zu selbst gesteuerten Schichtplänen erprobt, während dies bei STAHL und STROM (bisher) nicht vorgesehen ist und die Mitarbeiter dort auf Urlaub zurückgreifen müssen, um bei Bedarf an einem bestimmten Tag freihaben zu können.

Schließlich differieren die Fallunternehmen auch hinsichtlich ihrer **Strategien zum Umgang mit Einsatzbeschränkungen** zur Schichtarbeit. Während bei KLINIK und METALL jeweils einzelfallbezogene Lösungen gefunden werden, um Mitarbeiter mit Einsatzbeschränkungen im Unternehmen zu halten, ist bei STAHL ein umfassender Schonarbeitsbereich für leistungsgewandelte Mitarbeiter geschaffen worden. Bei STROM hingegen werden Beschäftigte mit gesundheitlichen Problemen in die umfassenden Freistellungen einbezogen, mit denen das Unternehmen seinen gegenwärtigen Personalabbau realisiert.

In der vergleichenden Betrachtung von Schichtarbeitsrealitäten tritt nochmals die Vielfalt der betrieblichen Gegebenheiten hervor. In diesen betrieblichen Verhältnissen stehen die Beschäftigten mit ihren jeweiligen beruflichen Biografien sowie ihren arbeits- und lebensweltlichen Orientierungen. Die individuellen Dispositionen sollen in der nachfolgenden Betrachtung biografischer Schichtverläufe in den Mittelpunkt gerückt werden. Empirische Grundlage für diese Auswertung sind die biografischen Interviews mit den Schichtbeschäftigten in den vier Fallunternehmen. Aufgrund des Zuschnitts der Studie wurden nur solche Beschäftigte befragt, die nach mitunter langjähriger Schichtarbeit noch immer in den Unternehmen verblieben waren.[8] Der Fokus der folgenden Abschnitte richtet sich dabei auf den gelingenden oder scheiternden Verbleib in der Schichtarbeit:

- Welche individuellen Konstellationen, Arbeitsbedingungen und Belastungserfahrungen führen dazu, dass Schichtbeschäftigte an einem bestimmten Punkt ihres Berufslebens aus der Schichtarbeit aussteigen oder diese Option erwägen?
- Welche Ressourcen tragen dazu bei, dass andere Schichtbeschäftige mit einem hinreichenden Maße an persönlichem Wohlbefinden gesund und leistungsfähig in der Schichtarbeit verbleiben?

Die vorangegangenen Fallbeschreibungen haben verdeutlicht, dass je nach branchen- und betrieblichen Bedingungen das Problem der „Schichtuntauglichkeit" personalpolitisch unterschiedlich gehandhabt wird. Bei STAHL existiert ein eigener Bereich, um für leistungsgewandelte Mitarbeiter eine sichere und belastungsadäquate Weiterbeschäftigung im Unternehmen sicherstellen zu können. Im Zusammenspiel mit den umfangreichen Entgeltsicherungen des Manteltarifvertrags und den vielen Mitarbeitern mit langjährigen Schichtarbeitsbiografien ist die Attestierung von Schichtuntauglichkeit und der Wechsel in diesen „Schonarbeitsbereich" ein Thema, mit dem Führungskräfte und Personalwesen immer wieder konfrontiert sind. Bei STROM, METALL und KLINIK hingegen bestehen solche Bereiche nicht bzw. nicht mehr, zudem sind die tariflichen Regelungen zur Entgeltsicherung bei gesundheitlichen Einschränkungen ab einem bestimmten Alter deutlich restriktiver gefasst. Dementsprechend verwundert es nur wenig, dass attestierte Schichtuntauglichkeit in diesen Unternehmen eine deutlich kleinere Rolle spielt. Hinzu kommt, dass bei KLINIK zum Befragungszeitpunkt die Nachtdienste deutlich schwächer besetzt sind als die Tagdienste, so dass die Beschäftigten nur in geringerer Zahl bzw. nur gelegentlich von Nachtarbeit betroffen sind. Bei den betrachteten Unternehmen zeichnen sich somit auch unterschiedliche Belastungsprofile der Schichtbeschäftigten ab.

Trotz der unterschiedlichen Rahmenbedingungen in den Betrieben scheint es lohnenswert, die Wahrnehmung und den Umgang mit Arbeitszeitbelastungen auch in einer biografischen Perspektive näher zu betrach-

---

8 All diejenigen Personen, die das Unternehmen verlassen hatten, um der Schichtarbeit zu entgehen, fallen bei diesem empirischen Zuschnitt systematisch heraus. Insofern könnte sich innerhalb der Stichprobe der befragten Beschäftigten bereits ein „healthy worker effect", also eine gesundheitliche Positivauswahl niederschlagen.

ten. Mit dem Fokus auf „gelingende“ und „scheiternde“ Schichtarbeitsbiografien können spezifische Belastungskonstellationen wie auch Ressourcen ermittelt werden, die zu einem Ausstieg oder einem Verbleib in Schichtarbeit beitragen.

Innerhalb des Unternehmens muss eine Einsatzbeschränkung für die Leistung von Schichtarbeit (meist von Nachtarbeit) ärztlich, ggf. betriebsärztlich attestiert werden. Für die Legitimation dieser Beschränkung müssen also gesundheitliche bzw. medizinische Gründe geltend gemacht werden. Die befragten Betriebsärzte verwiesen darauf, dass für eine Beurteilung des Falles immer das „Gesamtbild“ entscheide. Ausschlaggebend seien dabei nicht nur manifeste schwere Erkrankungen, sondern mitunter auch chronifizierte Schlaf- und Befindlichkeitsstörungen oder Symptomatiken psychischer Beschwerden oder Erkrankungen mit Berücksichtigung der lebensweltlichen Faktoren aus dem sozialen Umfeld der Beschäftigten.

Für die Modellierung der Verläufe typischer Schichtarbeitsbiografien ist es wichtig, das Feld der engen medizinischen Deutung von Schichtuntauglichkeit bzw. Schichttauglichkeit zu erweitern.

- Die Komplexität von Lebenslagen und von familiären Arrangements hat sich im Zuge des gesellschaftlichen Wandels der letzten Jahrzehnte deutlich vergrößert. Ein Beispiel ist die abnehmende Stabilität von Ehen bzw. Lebenspartnerschaften, so dass auch eine wachsende Zahl von Schichtbeschäftigten gezwungen ist, ihr soziales und familiäres Leben nach einer Trennung oder bei einer neuen Partnerschaft neu zu arrangieren und auf die Anforderungen der Schichtarbeit hin auszurichten. Ein weiteres Beispiel für einschneidende gesellschaftliche Veränderungen ist die zunehmende Zahl von Beschäftigten, die neben der Erwerbsarbeit Aufgaben der Pflege und Betreuung von Angehörigen zu übernehmen haben. In der Vergangenheit blieben diese Aufgaben meist der mit traditionellen Geschlechterrollen verbundenen „weiblichen“ Sorgearbeit von nicht erwerbstätigen Ehepartnerinnen überlassen. Angesichts der stark gestiegenen Erwerbsbeteiligung von Frauen und des Wandels der Paarbeziehungen steht diese Ressource nicht mehr ohne weiteres zur Verfügung, so dass sich in wachsendem Maße Männer wie Frauen der Frage stellen müssen, wie Familie bzw. Pflege und Beruf miteinander vereinbar gemacht werden können. Dies ist bereits für viele Berufstätige mit regulären, tagesbezogenen Arbeitszeiten nur schwer kompatibel, für Schichtbeschäftigte jedoch eine besondere Herausforderung.
- Die wirtschaftliche Dynamik, die Deregulierung von Beschäftigungsverhältnissen und die Arbeitsmarktrealitäten führen darüber hinaus da-

zu, dass eine wachsende Zahl von Beschäftigten von berufsbiographischen Brüchen und der Notwendigkeit zu beruflichen Neuorientierungen betroffen ist. Korrespondierend dazu nimmt die langfristige Bindung von Beschäftigten an „ihren" Beruf bzw. „ihr" Unternehmen ab. Im Zuge dieser Diskontinuitäten und Neuorientierungen, die mittlerweile zu einer gesellschaftlichen Normalität geworden sind, reflektieren Beschäftigte zunehmend auch ihre eigene Arbeits- und Lebenssituation in der Schichtarbeit. Dementsprechend ist davon auszugehen, dass gegenwärtig die eigene Berufstätigkeit in Schichtarbeit an einem bestimmten Punkt im Leben eher in Frage gestellt wird als in früheren Schichtarbeitergenerationen. Dieser Aspekt sich wandelnder Lebensorientierungen äußert sich – so die befragten Experten und Führungskräfte aus dem Personalmanagement – auch darin, dass jüngere Fachkräfte nur noch schwer für Schichtarbeit zu gewinnen sind.

Abbildung 13: Typische Konstellationen für Verbleib in oder Ausstieg aus der (Nacht-)Schichtarbeit

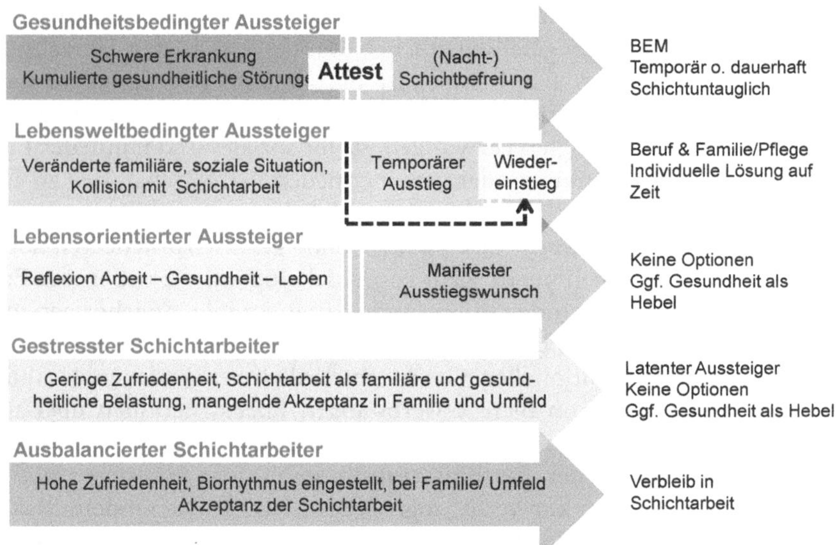

Insofern wird im Folgenden eine Typologie von Schichtarbeitsbiografien vorgestellt, die neben dem individuellen gesundheitlichen Verlauf auch Aspekte des sozialen Wandels – als Veränderung von Lebensorientierungen und als soziale Verpflichtungen – mit in die Betrachtung aufnimmt. Anhand der biografieorientierten Mitarbeiterinterviews aus den Fallunternehmen wurden diese Typen durch Fallvergleich und Fallkontrastierung empirisch entwickelt und auf ihre personalpolitischen Herausforderungen hin diskutiert.

Diese Typologie rückt den Fokus auf die Stabilität bzw. Instabilität von Schichtarbeitsbiografien. Anhand des empirischen Materials konnten im Hinblick auf den langfristigen Verbleib oder (gewünschten) Ausstieg aus der Schichtarbeit zwei „Verbleibstypen" und drei „Ausstiegstypen" identifiziert werden (vgl. Abb. 13):

Die fünf Typen werden im Folgenden anhand ihrer charakteristischen Merkmale bzw. ihrer Übereinstimmungen genauer beschrieben.

Gesundheitsbedingte Aussteiger

Ernsthafte akute oder chronische Erkrankungen können im Laufe einer Berufsbiografie wichtige Einschnitte darstellen, die eine Weiterbeschäftigung in Schicht- und insbesondere in Nachtarbeit nicht mehr erlauben. Die Schichtarbeitsbefreiung kann temporär oder dauerhaft erfolgen. Schwere Erkrankungen stellen den Regelfall dar, für den ein „Anspruch" auf einen Ausstieg aus Schicht- und Nachtarbeit existiert und der im Idealfall durch tarifvertragliche Regelungen, institutionalisierte Vorgehensweisen und personalpolitische Strategien unterlegt ist, in der Praxis jedoch häufig auf individuelle Lösungen hinausläuft. Eine Attestierung von Schichtuntauglichkeit erfolgt in der Regel durch den Betriebsarzt und ist meist in ein Verfahren des betrieblichen Eingliederungsmanagements (BEM) eingebettet.

Grundsätzlich kann eine Erkrankung jeden Beschäftigten, unabhängig von seiner biografischen Situation, seiner Lebensorientierung und seiner persönlichen Haltung zur Schichtarbeit treffen. Unter den Befragten fanden sich Beispiele, in denen Schichtarbeiter durch die Erkrankung gezwungen wurden, die Schichtarbeit aufzugeben, obwohl sie gerne dort verblieben wären. In anderen Fällen wurde zwar ein Ausstieg aus dem Schichtsystem angedacht und angestrebt, bis eine Erkrankung hierbei zu einer ungewollten Beschleunigung geführt hat:

> „Irgendwann habe ich ja mal … gesagt: Ich will mit 50 von der Schicht, damit der Körper sich daran gewöhnen kann, wieder in das normale Alltagsleben reinzukommen […] dann habe ich zwar immer hier geguckt, mich auch auf Stellenneuschreibungen beworben, aber es wurde nie was. Es musste ein Schlaganfall kommen, damit ich von

der Schicht komme, und den habe ich mir nicht ausgesucht." (Mitarbeiter STAHL)

Die Folgen einer schweren Erkrankung zwingen die Betroffenen häufig dazu, ihre Lebensgewohnheiten, ihre sozialen Beziehungen, aber auch ihre berufliche Tätigkeit grundlegend zu überdenken. Die Erkrankung trifft sie als krisenhaftes Lebensereignis, hinter welches auch vormalige Überlegungen zur Schichtarbeit zurücktreten. Im Vordergrund stehen die Bemühungen, die Beschäftigungsfähigkeit beim gegenwärtigen Arbeitgeber zu erhalten. Meist sind die betroffenen Personen dankbar, dass ihre Erwerbsbiographie keinen Abbruch erleidet, sondern durch Auffanglösungen im Betrieb stabilisiert werden kann.

In der Praxis der Fallunternehmen wurde für diese Mitarbeiter in der Regel ein Arbeitsplatz in einem leidensgerechten Tätigkeitsbereich bzw. in einem Bereich ohne Schichterfordernisse gesucht. Bei METALL und STROM sind solche Versetzungsmöglichkeiten jedoch nur eingeschränkt vorhanden. Deshalb verbleiben diese Mitarbeiter meist an ihrem Stammarbeitsplatz, werden jedoch von bestimmten Schichten, zumeist der Nachtschicht, befreit.

Neben die Einsatzbeschränkung für (Nacht-)Schichtarbeit treten – wie anhand der Fallunternehmen herausgearbeitet – meist weitere Einschränkungen, die bei der Suche nach geeigneten Einsatzfeldern zusätzlich zu berücksichtigen sind. Insofern sind die Anforderungen an einen Arbeitsplatz, an dem eine Weiterbeschäftigung erfolgen kann, in der Regel sehr individuell abgestimmt. Eine Rückkehr von einem solchen Arbeitsplatz zurück in den Regeleinsatz im Schichtbetrieb stellt nach Einschätzung der befragten Betriebsärzte den seltenen Ausnahmefall dar.

Der bei diesem Typus im Vordergrund stehende Ausstieg aus der Schichtarbeit aufgrund einer manifesten Erkrankung ist der „klassische" Fall, auf den die gesetzlichen, tariflichen und betrieblichen Sicherungsregelungen ausgelegt sind.

Lebensweltbedingte Aussteiger

Die Fähigkeit zur Leistung von Schichtarbeit kann allerdings nicht nur durch Erkrankungen, sondern auch durch andere krisenhafte Lebensereignisse oder durch neu auftretende lebensweltliche Anforderungen in Frage gestellt werden. So trifft die Übernahme von Pflege- und Betreuungsverpflichtungen in einer wachsenden Zahl Angehörige, die selbst noch im Berufsleben stehen und diese Verpflichtungen mit ihrer beruflichen Tätigkeit vereinbaren müssen. Eine andere, sich ebenfalls manifestierende Krisensituation zeigt sich, wenn familiäre Versorgungsarrangements durch Trennung, schwere Erkrankung oder Tod eines Lebenspartners zusammenbrechen. Angesichts der wachsenden Zahl Pflegebedürftiger oder einer Scheidungsrate von rund 40 % in Deutschland sind viele Schichtbeschäftigte von solchen lebensweltlichen Anforderungen betroffen, die eine Anpassung der arbeitsweltlichen Anforderungen, häufig sogar einen Ausstieg aus der Erwerbsarbeit erzwingen.

Aufgrund der rigiden Arbeitszeitanforderungen sehen sich Schichtbeschäftigte in krisenhaften Lebensabschnitten häufig außer Stande, innerhalb des Schichtsystems weiter arbeiten zu können. Entlastende Unterstützungsangebote (z. B. Kinderbetreuung, Tagespflege) sind in der Regel auf den tagesbezogenen „Normalarbeitstag" ausgelegt. Zwar bestehen z. B. im Pflegezeit- und Familienpflegezeitgesetz begrenzte Ansprüche auf unbezahlte Freistellung, jedoch nicht auf eine tagesbezogene Arbeitszeitlage. Insofern sind für diese Personengruppen im Vergleich zu Beschäftigten mit einer Erkrankung nur schwache institutionalisierte Verfahren zur Anpassung der Arbeitszeitlage auf ihre (neue) Lebenssituation vorgesehen.

In der Praxis aller vier untersuchten Betriebe wurde dennoch der Versuch unternommen, einen flexibleren Personaleinsatz für solche Mitarbeiter zu organisieren, um die entsprechende Person im Unternehmen weiter zu beschäftigen. So konnte bei METALL bspw. ein Mitarbeiter, der nach einer Scheidung die alleinige Versorgung seiner Kinder übernommen hatte, auf eigenen Wunsch in Dauernachtschicht arbeiten, um die morgendliche und abendliche Versorgung der Kinder zu übernehmen. Diese Fälle sind in der Regel individuell arrangierte Interimslösungen, bis sich die Situation im familiären Umfeld wieder entspannt hat.

Krisenhafte lebensweltliche Ereignisse können die Schichtarbeitsfähigkeit akut in Frage stellen, wenn eingespielte zeitliche Arrangements im sozialen Nah-Umfeld nicht mehr funktionieren und sich nicht mehr auf den regulären Schichtrhythmus ausrichten lassen. Sofern es jedoch den Unternehmen gelingt, flexibel auf die lebensweltlichen Notwendigkeiten der Betroffenen zu reagieren, müssen solche Ereignisse nicht notwendig zu einem dauerhaften Ausstieg aus der Schichtarbeit führen. Nach einer zeitlich begrenzten Phase sind viele der lebensweltlichen Problematiken bewältigt, so dass eine Rückkehr in den regelmäßigen Schichtdurchlauf möglich ist. Langfristig werden über ein Entgegenkommen des Betriebs in einer schwierigen Lebenssituation Loyalität und Arbeitsmotivation der Beschäftigten gestärkt.

Lebensorientierte Aussteiger

Dieser Typus beschreibt eine Gruppe von Personen, die nach einer bereits länger andauernden Schichtarbeitsbiografie ihr Arbeitszeitmodell bzw. ihre Tätigkeit im Schichtbetrieb zunehmend in Frage stellen. Diese Zweifel resultieren häufig aus langjährigen Belastungserfahrungen, Reflexionsprozessen und einen darauf beruhenden Wandel der Lebensorientierung heraus. Oft können die Befragten einen konkreten, meist kleinen Anlass benennen, der sie zu der Entscheidung führte, einen „Schlussstrich" unter die Schichtarbeit zu ziehen:

> „Die Zündschnur war schon noch knapper als knapp, dann ist man dann hochgegangen und man hat sich gestritten. Und als meine Frau abends dann reinkam und sagte, die Kleine hätte gefragt, ob wir uns trennen wollen, das war die Reißleine … Also die Familie steht mir näher als STAHL, sage ich ganz einfach. […] Und das war ein einschneidender Punkt, wo ich gesagt hatte: So!" (Mitarbeiter STAHL)

> „Ich bin dann zu dieser Gesundheitswoche […] hingefahren. Und da hieß es dann von einem Psychologen […], Leute, ihr seid euch selbst die Nächsten, und ihr müsst für euch entscheiden, was ihr möchtet […] Und da habe ich dann für mich gesagt, ich will nicht mehr so fett sein […] und ich will keine Schicht mehr machen. Oder keine Nachtschicht mehr. […] Daraufhin bin ich dann zum Werksarzt, […] weil, ich habe seit bestimmt 15, 18, 20 Jahren Schlafprobleme." (Mitarbeiter STAHL)

In beiden Fällen lagen bei den Beschäftigten langjährige Beschwerden wie Schlafstörungen und erhöhte Reizbarkeit vor. Erst durch Anstöße von außen oder vom direktem familiären Umfeld wurde jedoch ein Reflexionsprozess über das Arbeits- und Familienleben bzw. über Arbeit und Gesundheit in Gang gesetzt.

Bisher gibt es so gut wie keine Angebote für langjährige Schichtarbeiter, bei einer Veränderung von Orientierungen zumindest für eine gewisse Zeit aus vollkontinuierlichen Schichtsystemen auszusteigen. Auch fließt die Dauer der bisher geleisteten Schichtarbeit kaum in die Personalauswahl bei intern zu besetzenden Stellen in der Tagschicht ein. Diesem Typus von Beschäftigten bleibt bei einer Veränderung von Lebensorientierungen in der Regel nur die Kündigung und der Wechsel in einen Betrieb ohne Schichtarbeit übrig.

Gestresste Schichtarbeiter

Die Schichtbeschäftigten dieses Typs leiden ebenfalls unter den Folgen der Schichtarbeit, ohne allerdings den Ausstieg aus dem Schichtbetrieb systematisch zu verfolgen. Viele Mitarbeiter mit subjektiven Beschwerden infolge der Nachtarbeit wie etwa Schlafstörungen oder schichtfolgenbedingte Umstellungsprobleme verfolgen Entlastungsstrategien, z. B die Nachtschicht zu umgehen oder zumindest die Anzahl der Nachtschichten zu minimieren. Sofern Spielräume bestehen, tauschen sie ihre Schicht mit einem Kollegen, legen ihren Urlaub gezielt auf die Nachtschicht oder nutzen Zeitguthaben für arbeitsfreie Tage. Die befragten Führungskräfte vermuten anhand des Fehlzeitengeschehens nicht selten, dass die Arbeitsunfähigkeitsbescheinigungen dieser Mitarbeiter auffällig oft mit dem jeweiligen Nachtschichteinsatz korrespondieren. Es ist zu vermuten, dass diese Kompensationsstrategien v. a. dann gewählt werden, wenn die Nachtschicht als besonders belastend erlebt wird und andere Ausstiegsoptionen versperrt sind:

> „Mein Schlafverhalten wurde mit den Jahren immer schlechter. Ich habe überhaupt kein Zeitgefühl mehr. Sowohl in Bezug auf den Wochentag als auch auf die Tageszeit. [...] Die Schichtarbeit macht auf Dauer krank." (Mitarbeiter STROM)

> „Ich glaube, das wird eine Qual bis 67 zu arbeiten. Und sobald sich da eine Möglichkeit auftut, aus dem Dreischichtsystem rauszukommen, bin ich der erste, der das macht." (Mitarbeiter METALL)

Das Belastungserleben ist v. a. dadurch geprägt, dass Befindlichkeitsstörungen und Beschwerden beim Einstieg in Schichtarbeit und in jungen Lebensjahren nachrangig waren, sich jedoch mit zunehmendem Lebensalter verstärken. Auch die Kompatibilität der Schichtarbeit zum privaten sozialen Leben wird häufig als gestört geschildert; dabei stehen die sozialen und zeitlichen Einschränkungen für Familie, Paarbeziehungen oder Freundeskreis im Vordergrund. Durch eigene Verhaltensänderungen die subjektive Befindlichkeit zu verbessern, wird von den meisten Beschäftigten kaum als Strategie verfolgt.

Für manche kommen dann noch Frustrations- und Anerkennungsprobleme im Betrieb hinzu, die sich auf die Arbeits- und Lebenszufriedenheit zusätzlich negativ auswirken können:

> „Wir machen ein Rekordjahr nach dem anderen. Aber das ist total unsozial hier. So motiviert man auch die Menschen nicht. Man kann

> nicht immer nur die Peitsche rausholen, man muss auch mal ein Leckerli geben.... Das ist die dümmste Erfindung vom Menschen, die Schichtarbeit. Also ich bin sowieso am Überlegen, ob ich mir langsam ein Attest hole vom Arzt, dass ich keine Nachtschicht mehr machen kann." (Mitarbeiter METALL)

Da diese Mitarbeiter keine regulären Wege aus der Nachtschicht finden, spekulieren auch Beschäftigte in dieser Gruppe auf einen Ausstieg über ein ärztliches Attest. Von daher scheint die Sorge von Führungskräften vor einer anwachsenden Zahl an Beschäftigten mit attestierter Nachtschichtbefreiungen nicht ganz unberechtigt.

Neben der Belastungserfahrung ist dieser Typus von Schichtbeschäftigten jedoch auch von einer gewissen Ratlosigkeit geprägt. Sie sehen kaum Möglichkeiten, mit denen sie selbstwirksam zur Minderung ihrer Befindlichkeitsstörungen beitragen können. Doch auch in Punkto Arbeitszeitgestaltung oder betriebliche Maßnahmen wurden von den Befragten keine Handlungsansätze formuliert. In ihrer Wahrnehmung erscheint die individuelle wie auch die betriebliche Gestaltungsperspektive ausweglos und die Schichtarbeit unentrinnbar. Zurück bleibt eine tendenziell verzweifelte bis fatalistische Grundhaltung, die Schichtarbeit „irgendwie" bis zum Renteneintritt zu überdauern.

Der Typus des „gestressten Schichtarbeiters" stellte in den Befragungen betriebs- und branchenübergreifend eine vergleichsweise große Gruppe dar, innerhalb derer sich die Ausprägungen und die Intensität der Belastungswahrnehmungen sehr differenziert darstellen. Doch in den Interviews ist deutlich geworden, dass bei dieser Gruppe auch unterhalb der Wahrnehmungsschwelle des „sichtbaren" Arbeitsunfähigkeitsgeschehens für viele Schichtbeschäftigte Probleme von Befindlichkeitsstörungen, Motivationsverlusten und Einschränkungen der Lebenszufriedenheit vorliegen.

Ausbalancierte Schichtarbeiter

Einen weiteren Typus bilden Beschäftigte, die mit einer generell vorhandenen Arbeits- und Lebenszufriedenheit Schichtarbeit verrichten. Zwar sind auch sie nicht völlig frei von Befindlichkeitsproblematiken und von Einschränkungen des privaten sozialen Lebens. Dennoch stehen keine Leidensgeschichten im Vordergrund der Darstellungen, sondern grundsätzlich funktionierende, ausbalancierte Arrangements:

> „Die haben alle Verständnis [für die Schichtarbeit]. Die Freunde, Bekannte, die gewöhnen sich dann auch in dem Sinne an den Schichtrhythmus. Sie fragen halt immer wieder, was du für eine Schicht hast." (Mitarbeiter METALL)

> „Der Schichtplan ist über das Jahr hinweg planbar, ziemlich zuverlässig. Mit meiner Frau habe ich das ganze Jahr schon durchgeplant. Sagen wir mal, man passt sich dem Schichtmodell an. Man richtet ja sein Leben irgendwie danach. Ich kann nicht sagen, dass da irgendwas auf der Strecke bleibt." (Mitarbeiter METALL)

Dabei kann insbesondere auch eine Teilzeitbeschäftigung dazu beitragen, dass ein Gleichgewicht zwischen Arbeit und Freizeit erreicht wird und sich Schichtarbeiter dadurch ausbalancierter fühlen:

> „Ich gehe gerne zur Arbeit, bin aber sehr dankbar, dass ich in Teilzeit tätig sein kann. In Vollzeit könnte ich aber nicht mehr arbeiten. Ich möchte meine Freizeit nicht komplett nach dem Dienst richten müssen." (Mitarbeiterin KLINIK)

Ein wichtiger Faktor ist zudem die aktive Koordination der privaten Aktivitäten sowohl in der Familie wie auch im Freundeskreis. Häufig wurde berichtet, dass nahestehenden Personen auch außerhalb der Familie der Schichtplan ausgehändigt wird. Wenn das soziale Umfeld in der Lage und dazu bereit ist, sich auf den Schichtrhythmus „einzuschwingen" und soziale Aktivtäten gezielt in die arbeitsfreien Zeitblöcke einzuplanen, dann kann offenbar die Situation vermieden werden, dass Schichtbeschäftigte sich sozial abgehängt fühlen. Für diesen Typus wird die prinzipielle Akzeptanz des sozialen Umfelds, sich mit dem Schichtrhythmus des Betroffenen zu arrangieren, zu einer wichtigen Ressource und zu einer zentralen Quelle der Arbeits- und Lebenszufriedenheit.

Die atypische Lage von Arbeits- und Freizeit wurde von einigen Befragten sogar explizit als Benefit gesehen. So verfüge man über mehr Zeit zur individuellen Disposition, z. B. während der Spätschicht am Vormittag Erledigungen durchführen oder einfach „Zeit für sich" haben zu können. Besonders geschätzt wird jedoch meistens die Frühschicht, die am Nachmittag zeitliche Spielräume für Hobbys, Garten, Nebenerwerbslandwirtschaft, Werkeln am Haus oder die Beschäftigung mit den Kindern ermöglicht.

Die mit der Schichtarbeit grundsätzlich in Einklang stehenden Beschäftigten berichteten über eigene Strategien, wie sie die arbeitszeitbezogenen Belastungen kompensieren oder reduzieren können. Dabei spielen Ausgleichssport, regelmäßige Bewegung, Spaziergänge in der freien Natur, ausgewogene Ernährung und bestimmte Schlafroutinen eine wichtige Rolle. Diese Aktivitäten sind in der Regel fester Bestandteil des Alltagslebens, sie ermöglichen eine zeitnahe Regeneration, fördern den Stressabbau und helfen dabei, Abstand zur Arbeit zu gewinnen.

Des Weiteren lässt sich für die Schichtbeschäftigten dieses Typs eine insgesamt hohe Arbeitszufriedenheit feststellen:

> „Man muss gerne zur Arbeit gehen. Wir haben ein gutes Team. Wir treffen uns immer vor der Spätschicht schon zum Kaffee und Klönen." (Mitarbeiter STAHL)

Solche arbeits- und organisationsbezogenen Ressourcen tragen ebenfalls zur Kompensation von schichtbezogenen Belastungen bei und erhöhen wiederum die Arbeits- und Schichtzufriedenheit. Zu diesen Ressourcen gehören beispielsweise ein gutes und kollegiales Arbeitsklima, der soziale Zusammenhalt in der Schichtgruppe, die hohe Identifikation mit der Arbeit und dem Unternehmen sowie eine abwechslungsreiche Tätigkeit.

Sogar die langjährige Schichtarbeit führt beim „ausbalancierten Schichtarbeiter" nicht zu einer wie bei den vorangehenden Typen zu konstatierenden Belastungskumulation. Vielmehr hat dieser Typus von Schichtarbeiter sein Leben unter den Bedingungen der Schichtarbeit in einer Weise eingerichtet, die ihm ein im Vergleich zu den anderen betrachteten Schichtarbeitstypen hohes Maß an Ausgeglichenheit und Lebenszufriedenheit ermöglicht. Eine aktive Koordination des sozialen Lebens, ein privates mit dem Schichtrhythmus in Einklang stehendes Umfeld, ein aktiv betriebener individueller Ausgleich der Belastungen und eine hohe Arbeitszufriedenheit sind wesentliche Ressourcen dieser Beschäftigten, auch unter den erschwerten Bedingungen der Schichtarbeit eine Balance von Arbeit, Gesundheit und Privatleben herzustellen.

Biografischer Fokus – Orientierung für Gestaltungsstrategien?

In den vorangegangenen Abschnitten wurden die einzelnen Schichtarbeitstypen im Hinblick auf Verbleib oder Ausstieg genauer erläutert. Die Typologie geht in zweifacher Hinsicht über die arbeitsmedizinische Betrachtung hinaus, die häufig entlang des klassischen, medizinisch geprägten pathogenetischen Paradigmas zwischen „krank" und „gesund" bzw. zwischen „schichttauglich" und „schichtuntauglich" unterscheidet: Zum einen nimmt die biographische Perspektive die Veränderlichkeit des Belastungserlebens über das Arbeitsleben hinweg auf. Belastungen, die in bestimmten Lebensphasen unproblematisch scheinen, werden in anderen Altersabschnitten oder sozialen Kontexten zu einer kaum noch zu ertragenden Beanspruchung. Zum anderen greift sie auch soziale Faktoren und subjektive Orientierungen auf und weist damit über den somatischen Blick auf Schichtfähigkeit hinaus. Insofern kann mit der Typologie ein Beitrag geleistet werden, die Diskussion um die Frage, wie Belegschaften gesund in Schichtarbeit gehalten werden können, um weitere Aspekte zu ergänzen.

Wie bereits angedeutet, konnte in die Befragung immer nur ein bestimmter Querschnitt der Belegschaften einbezogen werden. Zu einem bestimmten Zeitpunkt schichtbedingt aus dem Unternehmen ausgeschiedene Beschäftige wurden zwangsläufig nicht erreicht. Insofern stellt das Sample der Interviewpartnerinnen und -partner bereits eine Positivauswahl der im Unternehmen „Verbliebenen“ dar. Darüber hinaus wurden auch solche Personen nicht erreicht, die sich beruflich weiterentwickelt haben und auf andere Positionen ohne Schichtarbeit gewechselt sind. Diese zuletzt genannte Problematik des „Ausstiegs durch Weiterqualifizierung“ wurde in den Experteninterviews explizit hervorgehoben:

> „Wir haben ein Problem. Wir haben wirklich gute, pfiffige Leute, die das in der Regel ein, zwei Jahre machen. Dann gehen sie auf die Schule. Die verdienen ihr gutes Geld auf den drei Schichten. Die sehen aber auch, wenn sie sich zum Meister oder Techniker weiterbilden, dann haben sie dasselbe Geld einschichtig und das regelmäßig ohne Samstagarbeit oder Nachtschicht.“ (Führungskraft METALL)

Vor diesem Hintergrund wurde das Instrument der „Bestenauslese“ bei der Rekrutierung und Besetzung der Schichtteams in verschiedenen Fallunternehmen kritisch hinterfragt, zumal die Knappheiten am Fachkräftemarkt die Stellenbesetzungen ohnehin schon erschweren. Es ist daher kein trivialer personalpolitischer Teilaspekt, bereits bei der Besetzung von Stellen im Schichtsystem die potenzielle Verbleibsperspektive der Bewerberinnen und Bewerber stärker zu berücksichtigen.

Bedeutsamer ist allerdings die Frage, ob Gestaltungsstrategien zur Schichtarbeit auf bestimmte Gruppen hin zu differenzieren sind und welche Rolle dabei die hier entwickelte Typologie spielen könnte. Die bisher bestehenden, institutionell unterlegten und durch die Sozialversicherungsträger gestützten Eingliederungsstrategien legen den Fokus v. a. auf den Typus des **gesundheitlich bedingten Aussteigers**. Durch die Regelungen zum Betrieblichen Eingliederungsmanagement bestehen zudem klare Rechtsansprüche der Betroffenen. Temporäre Krisensituationen der **le-**

bensweltbedingten Aussteiger treffen ebenfalls auf eine vergleichsweise große Akzeptanz bei Kolleginnen und Kollegen sowie Führungskräften, so dass es häufig gelingt, individuell angepasste Lösungen für eine bestimmte Dauer im Unternehmen zu organisieren.

Personalpolitische Strategien oder arbeitsorganisatorische Konzepte für den Typus des **lebensorientierten Aussteigers** scheinen bislang kaum zu existieren. Es ist grundsätzlich die Frage zu stellen, wie weit ein Unternehmen, das auf Schichtarbeit angewiesen ist, auf einen gesellschaftlichen Wandel von Präferenzen und Lebensorientierungen innerhalb der Belegschaft eingehen kann. Ob bspw. Ausstiegsoptionen auf Zeit tatsächlich ein wirksamer Ansatz sein könnte, um diese Gruppe langfristig in der Schichtarbeit halten zu können, ist eine offene Frage. Darüber hinaus wird mit solchen Ansätzen schnell auch ein Gerechtigkeitsdiskurs im Betrieb in Gang gesetzt:

- Wer darf – zu welchen Konditionen – für wie lange aus der Schichtarbeit herausgehen, wenn sich tatsächlich ein (generativer) Einstellungswandel hinsichtlich der Bereitschaft zur Schichtarbeit abzeichnen sollte?[9]
- Wie müssten Anreizsysteme oder neuartige Schichtmodelle aussehen, um diesen für Unternehmen mit Schichtbetrieb riskanten Trend zu stoppen?
- Könnte eine Lösung darin liegen, Schichtarbeitenden mehr Urlaubstage zu gewähren, die Schichtzulagen zu erhöhen oder die jährliche Anzahl an Nachtschichtfolgen zu verringern?
- Angesichts der zunehmenden Verbreitung von Schichtarbeit und stärker werdenden Forderungen bzw. Wünschen nach Vereinbarkeit von Beruf und Familie resp. einer ausgewogenen Balance von Arbeit und Freizeit dürfte auch der Druck auf Unternehmen wachsen, flexiblere Modelle der Schichtarbeit und der Personaleinsatzplanung zu erproben.

Die Gruppe der **gestressten Schichtarbeiter** wird – ebenso wie die lebensorientierten Aussteiger und die ausbalancierten Schichtarbeiter – im Alltag der Unternehmensakteure häufig übersehen, zumindest, so lange sie nicht durch vermehrte Arbeitsunfähigkeitsmeldungen auffallen. Dennoch scheint es geboten, diesen Gruppen und deren Beweggründen mehr Auf-

9 Laut IAB-Stellenerhebung, einer repräsentativen Arbeitgeberbefragung, treten vermehrt Schwierigkeiten im Besetzungsprozess von Stellen im Schichtbetrieb auf (Kubis, Müller 2014).

merksamkeit zu widmen. Das Belastungserleben und die Motivationsverluste der gestressten Schichtarbeiter können zu einer Schwächung der betrieblichen Leistungsfähigkeit führen. Dieser Typus hat zwar einen Ausstiegswunsch noch nicht manifest gefasst, es besteht aber das Risiko, dass er diesen langfristig ansteuert und dadurch möglicherweise zu einem gesundheitsbedingten Aussteiger wird. Die Typologie ist also nicht statisch zu betrachten, sondern die Schichtbeschäftigen können Entwicklungen durchlaufen, die sie von einem Typus zum anderen wechseln lassen. Erschwerend für Gestaltungsansätze kommt hinzu, dass die Gruppe der gestressten Schichtarbeiter durch die bisherigen Angebote an betrieblicher Gesundheitsförderung kaum erreicht werden konnte. Entlastungsstrategien könnten gegebenenfalls an einer Verknüpfung von Entlastung (z. B. Freistellungstage) mit gezielten Angeboten der Gesundheitsförderung ansetzen. Vielfach resultieren die Befindlichkeitsstörungen nicht ursächlich aus den Schichtbelastungen, sondern aus einer mangelnden Arbeitszufriedenheit infolge fehlender sozialer Anerkennung oder Unterstützung. Die Wirkungen dieser „weichen“ Faktoren auf die Arbeitszufriedenheit werden oftmals unterschätzt, könnten jedoch durch die systematische Weiterentwicklung von Unternehmenskultur und Führung gezielt gefördert werden.

Darüber hinaus ist unter einem ressourcenorientierten Blickwinkel darüber nachzudenken, wie die unauffälligen **ausbalancierten Schichtarbeiter** in ihrer Verbleibsperspektive gestärkt werden können. Innerbetriebliche Gestaltungsprozesse könnten überdies ihre Ressourcen und Erfahrungen zum Beispiel für einen organisierten kollegialen Austausch nutzen.

Die zuletzt angesprochenen drei Gruppen sind zunächst einmal „unsichtbar“ für das Personalmanagement und andere betriebliche Gestaltungsakteure. Ein umfassender innerbetrieblicher Kommunikationsprozess ist die Voraussetzung für eine Klärung, wo innerhalb dieser Typologie die Beschäftigten überhaupt stehen. Erst daran könnten zielgenaue weitergehende Strategien ansetzen.

Zielkonflikte und Widersprüche bei der betrieblichen Gestaltung von Schichtarbeit

Die betrieblichen Fallbeispiele zeigen die branchenspezifisch variierenden Ausgangsbedingungen und Herausforderungen für die Gestaltung von Schichtarbeit. In allen Unternehmen steht die Notwendigkeit im Vordergrund, die Gesundheit und Leistungsfähigkeit der Beschäftigten über das gesamte Erwerbsleben hinweg zu sichern – insbesondere vor dem Hintergrund knapper werdender Fachkraftressourcen. Die demografische Entwicklung spielt dabei eine besondere Rolle: Denn die geburtenstarken Jahrgänge der „Baby-Boomer"-Generation stellen heute die Generation der „älteren" Arbeitnehmer und sie prägen zumindest mittelfristig noch stark das demografische Profil in vielen Unternehmen und Verwaltungen. So hat sich die Zahl der Schichtarbeitsbeschäftigten über 50 Jahre seit Ende der 1990er Jahre etwa verdoppelt (Leser et al. 2013). Die Beschäftigten dieser Gruppe haben häufig jahrzehntelange Erfahrungen mit der Schicht- und Nachtarbeit. Sie leiden nicht selten an gesundheitlichen Beschwerden und Beeinträchtigungen der Leistungsfähigkeit, die auf die langjährige Belastungsakkumulation durch die Anforderungen der Schichtarbeit zurückgehen. Die Akteure in den Betrieben verweisen auf eine zunehmende Zahl von längerfristiger Arbeitsunfähigkeit und von Einsatzbeschränkungen gerade bei älteren Schichtarbeiterinnen und -arbeitern. Offenbar ändert an dieser Problematik auch die Tatsache nur wenig, dass seit Jahrzehnten gesicherte arbeitswissenschaftliche Erkenntnisse zur Schichtarbeitsgestaltung vorliegen und seither in diesem Sinne „ergonomisch" gestaltete Schichtmodelle in vielen Betrieben realisiert worden sind – auch wenn hier immer noch Umsetzungsbedarfe zu verzeichnen sind. Doch die Bemühungen, durch flexiblere Einsatzmodelle bestimmte Gruppen von Schichtbeschäftigten zu entlasten, führen nicht selten zu Zielkonflikten und zu innerbetrieblichen Barrieren, die bei der betrieblichen Schichtarbeitsgestaltung zu berücksichtigen sind.

Reduzierung der Belastungen für Ältere – auf wessen Kosten?

Die Berücksichtigung der arbeitsmedizinischen Empfehlungen (Deutsche Gesellschaft für Arbeitsmedizin 2006) bildet eine wichtige Basis, um die negativen gesundheitlichen und sozialen Effekte von Schichtarbeit abzumildern. Über die ergonomischen Aspekte hinausgehend, ist jedoch angesichts der demografischen Entwicklung von besonderer Bedeutung, wie langjährig Schichtbeschäftige so entlastet werden können, dass Gesundheit und Arbeitsfähigkeit bis zum Erreichen des Renteneintritts realistisch erhalten werden können. V. a. die Reduzierung der Nachtarbeit, gelegentlich auch der mitunter ebenfalls als Belastung empfundenen Frühschichten stehen dabei im Vordergrund. In der Regel müssen derartige Angebote für die älteren Belegschaftsmitglieder personalkostenneutral, also ohne zusätzliche Neueinstellungen umgesetzt werden. Alternative Arbeitsplätze außerhalb des Schichtsystems stehen im betrieblichen „Normalfall“ meist kaum oder in nicht ausreichender Zahl zur Verfügung.

Dies hat zur Folge, dass zur Reduzierung der Nachtarbeit für vulnerable und langjährig belastete Beschäftigte fast zwangsläufig leistungsfähigere, meist jüngere Kräfte stärker zur Nachtarbeit herangezogen werden müssen. Konzepte der arbeitsmedizinisch kritisch betrachteten Dauernachtschicht gewinnen daher als Entlastungsstrategie für eine bestimmte, mehr oder weniger eng definierte Gruppe von Beschäftigten an Relevanz. Gegenwärtig ist unklar, wie solche Ansätze aus arbeitswissenschaftlicher Perspektive zu bewerten sind. Auf der einen Seite stehen die Erkenntnisse der Arbeitswissenschaft, denen zu Folge dauerhafte Nachtarbeit nicht unerhebliche gesundheitliche und soziale Risiken mit sich bringt. Die Befunde haben zur Empfehlung geführt, Nachtarbeit nur noch in sehr kurzen Blöcken und mit anschließenden Freizeitphasen zu organisieren. Diese Empfehlungen sind in vollkontinuierlichen Schichtsystemen nur schwer für alle Mitarbeiter umzusetzen, vor allem wenn bestimmte Beschäftigte Nachtarbeit reduzieren und diese Schichten mit anderen Kolleginnen und Kollegen „tauschen“. Das Ziel der Belastungsreduzierung für langjährig Schichtbeschäftigte – also ein Ansatz altersgerechter Arbeitsgestaltung – steht dann potenziell in einem Spannungsverhältnis zum alternsgerechten Anspruch, Belastungen über die Arbeitsbiographie auszubalancieren und vorzeitigen Verschleißerscheinungen vorzubeugen.

Bei einer Betrachtung der Effekte sind besonders die Entlastungen der einen Gruppe gegen die Belastungen der anderen Gruppe abzuwägen. Denn auch in jüngeren Lebensphasen können spezifische biografische soziale und familiäre Anforderungen wie etwa Kinder im betreuungspflichtigen Alter, einer verstärkten Ableistung von Nachtarbeit entgegenstehen. Ist also eine Umverteilung von Belastungen tatsächlich ein tragfähiger Ansatz, welcher durch Nachtschichtbefreiung für die einen und temporäre Dauernachtschicht für die anderen organisiert werden kann? Inwiefern besteht unter den Schichtarbeitsbeschäftigten überhaupt eine Bereitschaft dazu? Wie müssten die Rahmenbedingungen gestaltet sein, etwa Freiwilligkeit, Ausstiegsoptionen und eine arbeitsmedizinische Begleitung der „Dauernachtschichtler“? Wie kann zudem über die Arbeitsbiografie hinweg belastbar zugesichert werden, dass die Jüngeren in einem höheren Lebensalter oder bei gesundheitlichen Beeinträchtigungen selbst in den Genuss von Entlastungsangeboten kommen können? Diese Fragen zeigen punktuell ein wichtiges Spannungsfeld in der Arbeitsgestaltung auf. Der Zielkonflikt besteht darin, dass entlastende Maßnahmen für die einen zumindest phasenweise zu Mehrbelastungen für andere führen kann.

Ähnliche Belastungen – vielfältige Beanspruchungen: Ambivalenzen individualisierter und partizipativer Schichtplangestaltung

Ein weiterer Gestaltungsansatz rückt die Varianzen bei den individuellen Beanspruchungen durch die Schichtarbeit in den Vordergrund. Dabei wird die Frage aufgeworfen, ob die arbeitswissenschaftlichen Empfehlungen zur Schichtarbeit für alle Beschäftigten, unabhängig von den individuellen Dispositionen, uneingeschränkte Gültigkeiten beanspruchen können. Chronobiologische Erkenntnisse aus der jüngeren Zeit verweisen darauf, dass die biologischen Rhythmen individuell unterschiedlich ausgeprägt sein können und verschiedene Chronotypen existieren (Roenneberg 2010; IFA 2015; Vetter et al. 2015). Ausgeprägte „Spättypen“ könnten daher die Belastungen der Nachtschicht als weniger beanspruchend wahrnehmen als die „Frühtypen“, denen wiederum ein Arbeitsbeginn in den frühen Morgenstunden leichter fällt. An diese Betrachtungsweise knüpfen betriebliche Gestaltungsmodelle an, die zum Beispiel „Lerchen“ und „Eulen“ nach ihren Dispositionen in individualisierten Schichtmodellen einsetzen. Im Ergebnis können dabei längere Frühschicht- oder Nachtschichtblöcke für einzelne Schichtbeschäftigte entstehen als in kurzzyklisch rollierenden Kontischichtsystemen. Auch für solche Modelle steht eine arbeitswissenschaftliche Überprüfung aus. In den betrieblichen Fallbeispielen fielen die Reaktionen der involvierten Beschäftigten positiv aus, weil sie in ihrer Wahrnehmung weniger stark gegen ihren „Biorhythmus“ arbeiten müssen. Skeptiker verweisen darauf, dass mit solchen individualisierten Modellen Dauernachtschicht „durch die Hintertür“ eingeführt werde. Individualisierte Schichtmodelle und gesicherte arbeitswissenschaftliche Empfehlungen können also auch in ein Spannungsverhältnis geraten und einen weiteren Zielkonflikt für die Schichtarbeitsgestaltung darstellen.

Von ähnlichen Paradoxien können auch Ansätze geprägt sein, die den Beschäftigten eine stärkere Mitwirkung an der Lage und Verteilung „ihrer" Schichten einräumen. Partizipative Modelle der Schichtplanerstellung gelten als ein wichtiger Ansatz, psychosoziale Belastungen und auch Schlafstörungen zu reduzieren (Janßen, Nachreiner 2004). Sie zielen darauf ab, den Bedürfnissen der Menschen nach mehr Zeitsouveränität und verbesserter Vereinbarkeit von Beruf und privatem Leben entgegenzukommen. Dennoch zeigen die empirischen Erfahrungen, dass auch diese Modelle voraussetzungsvoll in der Umsetzung und nicht immer widerspruchsfrei zu anderen Zielen der Arbeitszeitgestaltung sind:

- Es stellt sich die Frage, welche Beschäftigten sich im Aushandlungsprozess um die Schichtfolgen mit ihren individuellen Interessen durchsetzen können, und welche Mechanismen von Interessenregulierung greifen können und müssen. U. U. gibt es innerhalb von Arbeitsteams „Gewinner", die ihre Arbeitszeitlage optimieren können, und auch „Verlierer", die individuell ungünstigere Arbeitszeitbedingungen in Kauf nehmen müssen als in einem starren Schichtmodell.
- Die Planung der Schichtbesetzung ist in der Regel mit einem erhöhten Abstimmungsaufwand für alle Beteiligten verbunden. Führungskräfte sind gefordert, die Mindestbesetzung in ihrer Einheit sicherzustellen und ggf. Konflikte zwischen ihren Mitarbeiterinnen und Mitarbeitern zu moderieren; die Beschäftigten müssen sich auf die entsprechenden Aushandlungsprozesse einlassen. Die Mitwirkungsmöglichkeit an der Schichtplanung eröffnet den Beschäftigten einerseits die Möglichkeit, individuelle Bedarfe und Wünsche einzubringen und verbessert somit die Vereinbarkeit zwischen Privatleben und Beruf. Andererseits müssen die Schichteinsätze regelmäßig neu verhandelt werden, was – im Vergleich zu rollierenden Schichtmodellen – zu Lasten einer langfristigen Planbarkeit von Arbeitszeit und Freizeit gehen kann.
- Schließlich wird eher selten kontrolliert und nachgehalten, dass die realen Ergebnisse der selbstgesteuerten Planung auch konform mit den arbeitswissenschaftlichen Empfehlungen gehen. Individuelle Arbeitszeitwünsche müssen keineswegs zwingend ergonomischen Erkenntnissen entsprechen. Zwar kann bei elektronischen Planungssystemen durch entsprechende Voreinstellungen sichergestellt werden, dass die Regelungen des Arbeitszeitgesetzes oder bestimmte arbeitswissenschaftliche „Leitplanken" eingehalten werden. Allerdings schwinden wiederum die Gestaltungsmöglichkeiten der Beschäftigten, je enger diese Vorgaben gesetzt werden.

Die Schaffung von Möglichkeiten, die Lage der Arbeitszeit individuell beeinflussen zu können, gilt als ein wünschenswertes Ziel, auch und gerade unter arbeitswissenschaftlichen Aspekten. Allerdings ist bei der Umsetzung entsprechender Modelle ein Augenmerk darauf zu legen, dass das Ziel der Partizipation nicht in Konkurrenz zu anderen Zielen der Arbeitszeitgestaltung gerät, etwa zur langfristigen Planbarkeit von Arbeitszeit und Freizeit oder zu den arbeitswissenschaftlichen Empfehlungen für Schichtfolgen und Freizeitblöcke.

Arbeitszeitflexibilität und Einsatzflexibilität – eine kommunizierende Röhre?

Gestaltungsansätze der Schichtarbeit, die auf eine Belastungsreduzierung für bestimmte Gruppen oder auf eine stärkere Autonomie der Beschäftigten bei der Planung der Schichtbesetzungen abzielen, sind häufig mit einer Grundfrage der betrieblichen Arbeitsorganisation konfrontiert: Wie können individualisierte Schichtmodelle oder Arbeitszeitwünsche berücksichtigt und zugleich die personelle Besetzung für eine bestimmte Abteilung, Station oder für eine technische Anlage sichergestellt werden? Die Arbeitszeitflexibilität hängt dabei unmittelbar mit der organisatorischen und individuellen Einsatzflexibilität zusammen. Eine Reduzierung der Arbeitszeitanforderungen durch das Schichtsystem ist nur durch eine Erhöhung der Einsatzflexibilität im Betrieb zu realisieren. Dies zeigt sich an unterschiedlichen Beispielen:

- Die Erstellung von Schichtplänen, die individuelle Dispositionen berücksichtigen (z.B. „Lerche-Eule"-Modelle), oder auch der schlichte Tausch von Schichten ist in durchrollierenden festen Schichtgruppen nur dann möglich, wenn die Beschäftigten wechselnd in verschiedenen Schichtgruppen eingesetzt werden.
- Bei ungeplanten Personalausfällen könnte auf das Herbeirufen von Teamkollegen bzw. Teamkolleginnen aus dem Arbeitsfrei verzichtet werden, wenn Beschäftigte aus anderen Teams bzw. Abteilungen zu einem flexiblen Einsatz auch in anderen Bereichen oder Arbeitsgruppen in der Lage und bereit sind.
- Modelle für eine partizipative bzw. (teil-)autonome Planung der Schichtbesetzungen durch die Beschäftigten stehen im Widerspruch zu festen durchrollierenden Schichtgruppen. Sie sind im Grunde nur dann möglich, wenn die einzelnen Schichtteams zugunsten eines für die Abteilung oder Anlage verantwortlichen Gesamtteams aufgelöst

werden und alle Mitarbeiterinnen und Mitarbeiter dieses Teams die Besetzungsplanung vornehmen.

Aus organisationaler Perspektive ist dabei entscheidend, ob die Belegschaft in dem entsprechenden Bereich homogene bzw. differenzierte Qualifikationen und Kompetenzen vorweisen muss. Die Spielräume für neue Schichtarbeitsstrategien werden enger, je komplexer die Zusammensetzung unterschiedlicher Qualifikationen ist, die in der realen Besetzung einer Abteilung oder Anlage gegeben sein muss.

Doch auch aus Beschäftigtenperspektive ist die Erhöhung der Einsatzflexibilität voraussetzungsvoll: Sie müssen sich v. a. darauf einlassen, in wechselnden Teamkonstellationen und u. U. auch an verschiedenen Arbeitsplätzen tätig zu sein. Damit werden eingespielte Routinen, Abläufe und kollegiale Arbeitsteilungen in Frage gestellt oder sie müssen neu erarbeitet werden. Dies bietet zwar die Chance von Kompetenzgewinnen, doch muss dafür der Verlust der sozialen Bindekraft fester Teams und die mitunter anstrengende Notwendigkeit, sich auf die Zusammenarbeit mit einer deutlich größeren Zahl an Kolleginnen und Kollegen einzulassen, in Kauf genommen werden. In der Praxis bestehen an dieser Stelle häufig große Barrieren innerhalb der Belegschaften, sich auf eine erhöhte Einsatzflexibilität einzulassen, mit der Folge, dass ambitionierte Projekte zur Anpassung der Schichtarbeit scheitern.

Für die Führungskräfte entstehen Anforderungen in zwei Richtungen: Zum einen wird die Schichtplanung komplexer, weil sie die individuellen Bedarfe und Wünsche der Mitarbeiter stärker berücksichtigen bzw. zur Planungsgrundlage machen müssen. Sie tragen darüber hinaus die Verantwortung, dass auch bei einem flexibleren Personaleinsatz innerhalb eines Schichtsystems die Regeln des Arbeitsschutzes eingehalten werden. Dies gilt (insbesondere) auch für Besetzungspläne, die eigenverantwortlich von den Beschäftigten erstellt werden. Zum anderen stehen sie aber auch vor der Aufgabe, wechselnde Teamkonstellationen zu koordinieren und die Funktions- bzw. Leistungsfähigkeit ihrer Einheit sicherzustellen. Dies dürfte vor allem in einer Übergangsphase hin zu einer größeren Einsatzflexibilität besondere Herausforderung darstellen. Zudem ändern sich möglicherweise auch hierarchische Strukturen, Zuständigkeiten und Managementaufgaben, wenn mehrere kleine Schichtgruppen zu einem größeren Team zusammengelegt werden.

Insofern ist betriebliche (Schicht-)Arbeitszeitgestaltung untrennbar mit Fragen des Personaleinsatzes, der Arbeitsabläufe und Arbeitsteilung sowie mit der innerbetrieblichen Organisationsgestaltung verbunden. Setzt man voraus, dass alternative Arbeitsplätze nicht vorhanden und eine Reduzierung der Schichtarbeit im Unternehmen nicht möglich ist, dann stößt die Implementation von Konzepten zur Entlastung besonders vulnerabler Mitarbeitergruppen, zur erweiterten Partizipation der Beschäftigten sowie zur individuellen Anpassung des Schichteinsatzes ohne eine hohe Flexibilität im Personaleinsatz auf enge Grenzen. Arbeitszeitflexibilität und Einsatzflexibilität verhalten sich dabei wie kommunizierende Röhren: Eine Seite kann nur reduziert werden, wenn die andere Seite vergrößert wird. D. h., neue Ansätze in der Schichtgestaltung sind häufig mit einem umfassenderen „Change-Prozess" im Unternehmen verbunden, wenn sie nicht auf Einzelfall- oder Insellösungen beschränkt bleiben wollen. Daraus erwachsen besondere Anforderungen, sowohl die Beschäftigten als auch die operativen Führungskräfte, die die Arbeitsabläufe tagtäglich zu organisieren haben, frühzeitig in Projekte der Schichtarbeitsgestaltung einzubinden und sich der Tragweite der Veränderungsprozesse zu vergewissern.

Den Akteuren sowohl auf Seiten des Managements wie auch der betrieblichen Interessenvertretung sollte bewusst sein, dass in der Schichtarbeitsgestaltung häufig nur Lösungen zu erreichen sind, die von Widersprüchen und Zielkonflikten geprägt sind. Entlastungen bestimmter Gruppen führen in der Regel zu Mehrbelastungen anderer. Erweiterte Partizipationsmöglichkeiten und die Berücksichtigung individueller Dispositionen beim Schichteinsatz ziehen häufig einen gesteigerten Koordinationsaufwand nach sich und können Ergebnisse produzieren, die manchmal nicht durchweg die arbeitswissenschaftlichen Empfehlungen in vollem Umfang berücksichtigen. Diese Zielkonflikte gilt es im Betrieb zu reflektieren und die Umsetzung von Maßnahmen so zu gestalten, dass bei Bedarf Nachjustierungen vorgenommen werden können.

Die gesicherten arbeitswissenschaftlichen Erkenntnisse zur Schichtarbeitsgestaltung stellen dabei einen wichtigen Rahmen dar. Daneben sind aber auch betriebliche Ziele und die Wünsche der Schichtbeschäftigten als weitere wichtige Kriterien zu nennen, die in der Praxis der Arbeitszeitgestaltung eine Rolle spielen (Knauth 2007). Diese drei Bezugspunkte sind nur selten völlig deckungsgleich, sondern stehen häufig in einem Spannungsverhältnis zueinander. Wenn es nun darum geht, besonders vulnerable Gruppen wie z. B. langjährig Schichtbeschäftigte zu entlasten, ist daher die Frage zu stellen, inwieweit betriebliche Modelle zur Belastungsverteilung und Risikoabwägung entwickelt werden können, die dieses Spannungsverhältnis ausbalancieren. Dies ist nicht nur eine Herausforderung an die Akteure in den Unternehmen, sondern auch an die Arbeitswissenschaft. Wie könnte z. B. die auf das Individuum fokussierte arbeitswissenschaftliche Betrachtungsweise auf die betriebliche Gesamtsituation hin erweitert werden? Inwiefern sind die arbeitswissenschaftlichen Empfehlungen im Hinblick auf neuere chronobiologische Erkenntnisse zu diskutieren? Wie steht es um die Aktualität der Datengrundlagen angesichts des rasanten Wandels in der Arbeitswelt? Mit diesen Fragen und Zielkonflikten sind nicht nur Arbeitswissenschaft und Arbeitsschutz, sondern alle Akteure konfrontiert, die sich um Strategien „guter Gestaltung“ von Schichtarbeit kümmern.

Literatur

Absenger, N./Ahler, E./Bispinck, R./Kleinknecht, A./Klenner, C./Lott, Y./Seifert, H. (2014): Arbeitszeiten in Deutschland: Entwicklungstendenzen und Herausforderungen für eine moderne Arbeitszeitpolitik (Report Nr. 19), Zugriff am 18.5.2018 unter https://www.boeckler.de/pdf/p_wsi_report_19_2014.pdf.

Angerer, P./Petru, R. (2010): Schichtarbeit in der modernen Industriegesellschaft und gesundheitliche Folgen. In: Somnologie – Schlafforschung und Schlafmedizin, 14(2), S. 88–97, München.

Badura, B./Ducki, A./Schröder, H./Klose, J./Meyer, M. (Hrsg.) (2017): Fehlzeiten-Report 2017. Krise und Gesundheit – Ursachen, Prävention, Bewältigung. Zahlen, Daten, Analysen aus allen Branchen der Wirtschaft, Berlin.

Beermann, B. (2010): Verdichtung, Verlängerung und Flexibilisierung. In: Groß, H./Seifert, H. (Hrsg.): Zeitkonflikte. Renaissance der Arbeitszeitpolitik, S. 101-114, Berlin.

Bogner, A.; Littig, B.; Menz, W. (2002): Das Experteninterview. Theorie, Methode, Anwendung, Wiesbaden.

Bräutigam, C./Ernste, P./Evans, M./Hilbert, J./Merkel, S./Öz, F. (2017): Digitalisierung im Krankenhaus. Mehr Technik – bessere Arbeit?, Düsseldorf.

Bundesmann-Jansen, J./Groß, H./Munz, E. (2000): Arbeitszeiten `99. Ergebnisse einer repräsentativen Beschäftigtenbefragung zu traditionellen und neuen Arbeitszeitformen in der Bundesrepublik Deutschland, Köln.

Deutsche Gesellschaft für Arbeitsmedizin und Umweltmedizin e. V. (2006): Arbeitsmedizinische Leitlinie Nacht- und Schichtarbeit. In: Arbeitsmedizin, Sozialmedizin, Umweltmedizin Nr. 8, 2006, S. 390–397.

DGB-Index Gute Arbeit (2013): Arbeitsfähig bis zur Rente? Ergebnisse der Repräsentativumfrage 2012 zur Ermittlung des DGB-Index Gute Arbeit, Berlin.

DGUV – Deutsche Gesetzliche Unfallversicherung (2012): Schichtarbeit. Rechtslage, gesundheitliche Risiken und Präventionsmöglichkeiten, DGUV Report 1/2012, Berlin.

Europäische Stiftung zur Verbesserung der Lebens- und Arbeitsbedingungen (1989): Die Gestaltung der Schichtarbeit, Dublin.

Europäische Stiftung zur Verbesserung der Lebens- und Arbeitsbedingungen (1980): Die Auswirkungen der Schichtarbeit auf Gesundheit, gesellschaftliche Bindungen und Familienleben, Dublin.

Fuchs, T. (2006): Was ist gute Arbeit? Anforderungen aus der Sicht von Erwerbstätigen. 2. Aufl., Dortmund u. a.

Galatsch, M./Li, J./Derycke, H./Müller, B. H./Hasselhorn, H. M. (2013): Effects of requested, forced and denied shift schedule change on work ability and health of nurses in Europe-Results from the European NEXT-Study. In: BMC Public Health 13.

Hielscher, V. (2006): Verflüssigte Rhythmen. Flexible Arbeitszeitstrukturen und soziale Integration, Berlin.

Hielscher, V./Kirchen-Peters, S./Nock, L. unter Mitarbeit von Ischebeck, M. (2017): Pflege in den eigenen vier Wänden. Pflegebedürftige und ihre Angehörigen geben Auskunft. HBS Study 363, Düsseldorf.

Institut für Arbeitsschutz (IFA) (2015): Vorstudie zum Zusammenhang zwischen Chronotyp, Schicht und Unfallhäufigkeit. Aus der Arbeit des IFA, 11/2015, Berlin.

Janßen, D./Nachreiner F. (2004): Flexible Arbeitszeiten. Schriftenreihe der Bundesanstalt für Arbeitsschutz und Arbeitsmedizin. Dortmund, Berlin, Dresden.

Knauth, P. (1975): Kriterien für die Beurteilung verschiedener Schichtwechselformen. Dissertation, Darmstadt.

Knauth, P. (2007): Demografischer Wandel und Arbeitszeitgestaltung. Berlin. https://www.boeckler.de/pdf/v_2007_10_17_berlin_knauth.pdf (Aufruf am 12.3.2019)

Knauth, P./Hornberger, S. (1997): Schichtarbeit und Nachtarbeit. Probleme – Formen – Empfehlungen, München.

Knauth, P./Rutenfranz, J. (1972): Untersuchungen über die Beziehung zwischen Schichtformen und Tagesaufteilung. Internationales Archiv für Arbeitsmedizin 30, S. 173–191.

Kretschmer, V. (2016): Schichtarbeit ist nicht gleich Schichtarbeit. BIBB/BAuA. Faktenblatt 21.

Kubis, A./Müller, A. (2014): Welche Arbeitsbedingungen gehen mit Problemen bei der Stellenbesetzung einher? IAB-Kurzbericht 10/2014, Nürnberg.

Leser, C./Tisch, A./Tophoven, S. (2013): Beschäftigte an der Schwelle zum höheren Erwerbsalter. Schichtarbeit und Gesundheit. IAB-Kurzbericht, 21/2013, Nürnberg.

Meyer, M./Wehner, K./Chichon, P. (2017): Krankheitsbedingte Fehlzeiten in der deutschen Wirtschaft. In: Badura, B./Ducki, A./Schröder, H./Klose, J./Meyer, M. (Hrsg.): Fehlzeiten-Report 2017. Krise und Gesundheit – Ursachen, Prävention, Bewältigung, S. 281-484, Berlin.

Münstermann, J./Preiser, K. (1978): Schichtarbeit in der Bundesrepublik Deutschland. Forschungsbericht Humanisierung des Arbeitslebens 8, Bonn.

Nachreiner, F./Frielingsdorf, R./Romahn, R./Knauth, P./Kuhlmann, W./Klimmer, F./ Rutenfranz, J./Werner, E. (1975): Schichtarbeit bei kontinuierlicher Produktion. Arbeitssoziologische, sozialpsychologische, arbeitspsychologische und arbeitsmedizinische Aspekte, Wilhelmshaven.

Nock, L./Hielscher, V./Kirchen-Peters, S. (2013): Dienstleistungsarbeit unter Druck. Der Fall Krankenhauspflege, Arbeitspapier 296, Hans-Böckler-Stiftung, Düsseldorf.

Raeder, S./Grote, G. (2012): Der psychologische Vertrag, Göttingen.

Reuyß, S./Pfahl, S./Rinderspacher, J. P./Menke, K. (2012): Pflegesensible Arbeitszeiten: Perspektiven der Vereinbarkeit von Beruf und Pflege, Berlin.

Roeder, N,/Franz, D. (2014): Beschleunigung im Krankenhausalltag. In: GGW – Das Wissenschaftsforum in Gesundheit und Gesellschaft, 14(3), S. 26–34.

Roenneberg, T. (2010): Wie wir ticken: Die Bedeutung der Chronobiologie für unser Leben, Köln.

Schmal, J. (2015): Ausgeschlafen? Gesund bleiben im Schichtdienst für Gesundheitsberufe, Berlin u. a.

Statistisches Bundesamt (2017): Pflegestatistik 2015, Wiesbaden.

Szymanski, H./Lange, A. (o. J.): Die Umsetzung der alter(n)sgerechten Arbeitsgestaltung in der Eisen- und Stahlindustrie. Abschlussbericht des Projekts Ergo-Stahl, Bochum.

Tempel, J./Ilmarinen, J. (2013): Arbeitsleben 2025. Das Haus der Arbeitsfähigkeit im Unternehmen bauen, Hamburg.

Treier, P. (1979): Arbeitswissenschaftliche Aspekte des Arbeitszeitregimes unter besonderer Berücksichtigung von Problemen der Arbeitszeitverkürzung. In: Mitteilungen aus der Arbeitsmarkt- und Berufsforschung (MittAB), Nr. 3/1979, S. 413–427.

Ulich, E. (1971): Die besonderen Probleme der Schicht- und Nachtarbeit bei weiblichen Arbeitnehmern. In: Rutenfranz, J./Singer, R. (Hrsg.): Aktuelle Probleme der Nacht- und Schichtarbeit. Umgebungseinflüsse am Arbeitsplatz, S. 87–93, Stuttgart.

Vetter, C./Fischer, D./Matera, J. L./Roenneberg, T. (2015): Aligning Work and Circadian Time in Shift Workers Improves Sleep and Reduses Circadian Disruption. In: Current Biology 25, March 2015, S. 907–911.

Wirtschaftsvereinigung Stahl (2014): Fakten zur Stahlindustrie in Deutschland, Düsseldorf.

Wöhrmann, A. M./Gerstenberg, S./Hünefeld, L./Pundt, F./Reeske-Behrens, A./Brenscheidt, F./Beermann, B. (2016): Arbeitszeitreport Deutschland 2016, Bundesanstalt für Arbeitsschutz und Arbeitsmedizin, Dortmund.